AF394898

Vente des Mardi 11 et Mercredi 12 Février 1908
9, rue Drouot, 9
Par le Ministère de M⁰ **F. LAIR DUBREUIL**, commissaire-priseur

CATALOGUE

DE

LIVRES ANCIENS

COMPOSANT LA

BIBLIOTHÈQUE DE FEU M. HENRI CHASLES

PREMIÈRE PARTIE

Livres aux armes des Bourbons. — Livres aux armes
de personnages et de bibliophiles célèbres.
Livres anciens dans tous les genres.
Collection de portraits
des membres de la Maison de Bourbon.

PARIS

LIBRAIRIE HENRI LECLERC

219, RUE SAINT-HONORÉ, 219
ET 16, RUE D'ALGER

1908

CATALOGUE

DE

LIVRES ANCIENS

LA VENTE AURA LIEU

Le Mardi 11 et le Mercredi 12 Février 1908

A 2 heures précises

HOTEL DES COMMISSAIRES-PRISEURS, 9, RUE DROUOT

Salle N° 7

Par le Ministère de **M⁰ F. LAIR DUBREUIL**, commissaire-priseur

6, RUE FAVART, 6

Assisté de **M. HENRI LECLERC**, libraire

219, RUE SAINT-HONORÉ, 219
ET 16, RUE D'ALGER

VOIR L'ORDRE DES VACATIONS A LA FIN DU CATALOGUE

CONDITIONS DE LA VENTE

La vente se fait au comptant.

Les acquéreurs paieront 10 pour 100 en sus des enchères.

Les livres vendus devront être collationnés dans les vingt-quatre heures de l'adjudication. Passé ce délai, ils ne seront repris pour aucune cause.

M. Leclerc se réserve la faculté, dans l'intérêt de la vente, de réunir ou de diviser les numéros du catalogue. Il remplira les commissions qu'on voudra bien lui confier.

CATALOGUE

DE

LIVRES ANCIENS

COMPOSANT LA

BIBLIOTHÈQUE DE FEU M. HENRI CHASLES

PREMIÈRE PARTIE

Livres aux armes des Bourbons. — Livres aux armes
de personnages et de bibliophiles célèbres.
Livres anciens dans tous les genres.
Collection de portraits
des membres de la Maison de Bourbon.

PARIS

LIBRAIRIE HENRI LECLERC

219, RUE SAINT-HONORÉ, 219
ET 16, RUE D'ALGER

1908

LIVRES

AVEC

RELIURES ARMORIÉES

MAISON DE BOURBON

I. — BRANCHE AINÉE

ROIS, REINES ET LEUR DESCENDANCE

HENRI IV

1. CRUCIUS (L.). Tragicæ Comicæque actiones, a regis artivm collegio societatis Jesv, datæ Conimbricæ in pvblicvm theatrvm, auctore Ludovico Crucio, *Lvgdvni, apvd Horativm Cardon,* 1605, in-8, titre gravé, mar. fauve, comp. de fil., milieux et coins ornés de feuillages, dos plat orné, tr. dor. (*Rel. anc.*)

800

Aux armes du roi **Henri IV.** Provenance très rare.

2. Boyssat. Histoire des chevaliers de l'ordre de l'Hospital de S. Jean de Hiérusalem, contenant leur admirable institution et police, la suite des

1810

guerres de la terre saincte où ils se sont trouvez, la conqueste et les trois grands sièges de Rhode, le merveilleux siège de Malte, etc. Tome II. *Lyon, Guill. Rouille*, 1612, in-4°, réglé, titre gravé par J. de Fornazeris, mar. olive, plats et dos fleurdelisés, tr. dor. (*Rel. anc.*)

Bel exemplaire du tome second de l'ouvrage aux armes et au chiffre de **Marie de Médicis**. Les plats et le dos de la reliure sont entièrement semés de fleurs de lis.

3. GRAMOUNDUS. Historia prostratæ a Ludovico XIII sectariorum in Gallia rebellionis. Autore Gabr. Bartholomæo Gramoundo in suprema Tolosatum curia senatore regio. *Tolosæ, apud Petrum Bosc, bibliopolam*, 1623, in-4°, titre et figure représentant Louis XIII à cheval, gravés par J. E. Lasne, mar. rouge, fil., plats et dos fleurdelisés, tr. dor. (*Rel. anc.*)

Exemplaire de **Gaston d'Orléans**, frère de Louis XIII. La reliure, plats et dos, est entièrement semée de fleurs de lis alternant avec le chiffre de Gaston d'Orléans.

La reliure est très fraîche mais l'intérieur du volume est un peu mouillé.

4. LESTANG (A. de). Histoire des Gaules et conquêtes des Gaulois en Italie, Grèce et Asie. Avec un abrégé de tout ce qui est arrivé de plus remarquable es dites Gaules dès le temps que les Romains commencèrent à les assujettir à leur empire, jusques au Roy Jean, par messire Antoine de Lestang, seigneur de Belestang, chevalier, conseiller du Roy en ses conseils d'État et privé et présidant en la cour du Parlement de Toulouse. *A Bourdeaus, par Simon*

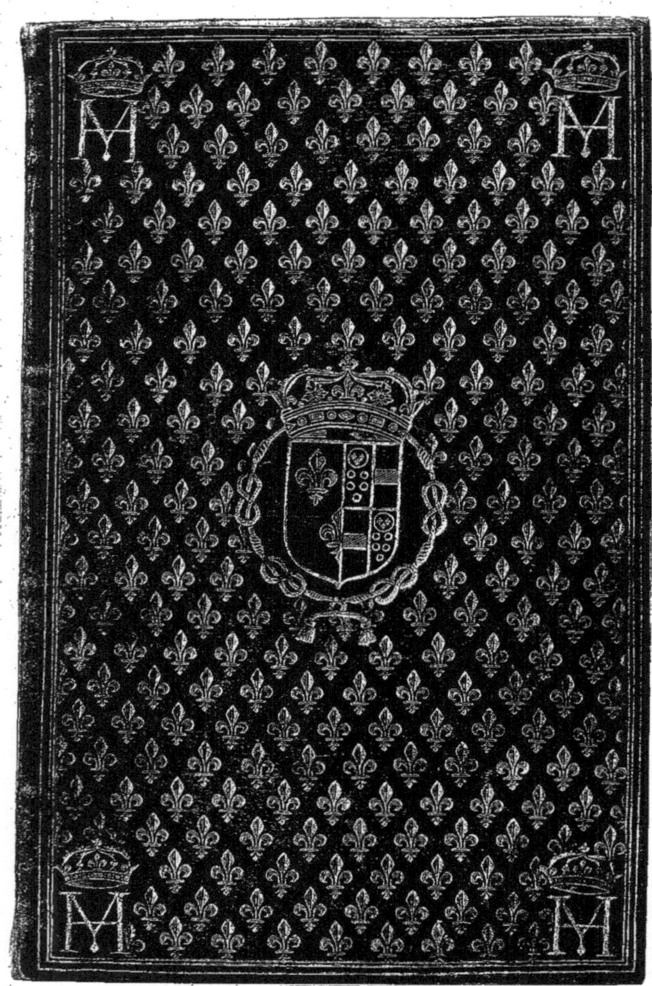

Nº 2. Boyssat. *Chevaliers de S. Jean de Jérusalem.*
Exemplaire de Marie de Médicis.

Millanges, 1618, in-4°, portrait gravé par L. Gaultier, mar. rouge, comp. de fil. et fleurs de lis aux angles, dos fleurdelisé, dent. int., tr. dor. (*Rel. anc.*)

Bel exemplaire aux armes de Anne-Marie-Louise d'**Orléans**, duchesse de **Montpensier**, dite la *Grande Mademoiselle,* fille de Gaston d'Orléans et de Marie de Bourbon, duchesse de Montpensier, sa première femme.

5. SILIUS ITALICUS, de secundo bello punico. *Amsterodami, apud Guiliel. Janssonium,* 1620, in-18, titre gravé, mar. rouge, comp. de fil., plats et dos fleurdelisés, tr. dor. (*Rel. anc.*)

156

Cette petite reliure, ornée sur les plats d'un grand encadrement fleurdelisé, porte, au milieu, une grande H surmontée d'une couronne. Ce chiffre est attribué à Gaston-Henri de **Bourbon**, duc de **Verneuil**, fils naturel de Henri IV et d'Henriette d'Entragues, duchesse de Verneuil, né en 1601, légitimé en 1603. Il fut évêque de Metz et mourut le 28 mai 1682.

LOUIS XIII

6. CELLOTII (Lvdovici) Parisiensis e societate Jesv, panegyrici et orationes. Secvnda editio ab avthore recognita. *Parisiis, apud Carolum Roüillard,* 1641, in-8°, basane fauve, fil., dent. et semis de fleurs de lis et de L couronnés, tr. dor. (*Rel. anc.*)

189

Aux armes de **Louis XIII**.

7. LAVAL (Antoine de). Desseins de professions nobles et publiques contenans plusieurs traités divers et rares : avec l'histoire de la maison de Bourbon,

3.500

iadis dédiez au feu roy Henri IV et maintenant au très chrétien et très puissant roy de France et de Navarre Louis XIII. Autrefois proposés en forme de leçons paternelles, pour avis et conseils des chemins du monde, par Antoine de Laval. *A Paris, chez la veuve Abel Langelier,* 1612, in-4°, mar. rouge, fil., plats et dos semés de fleurs de lis, tr. dor. (*Rel. anc.*)

Très bel exemplaire de dédicace aux armes et au chiffre de **Louis XIII**.

Ce volume renferme un beau portrait, en pied, de Henri IV, une planche, le portrait de l'auteur et ses armoiries ; le tout gravé par *Thomas de Leu*.

8. CIVART. Sur la mort de Jésus-Christ, par le sieur Civart, secrétaire ordinaire de la Reyne. Manuscrit, in-8°, de 21 ff., 2 figures de Firens, vélin. (*Rel. anc.*)

Manuscrit de dédicace à la reine Anne d'Autriche, il se termine par *La Reyne au pied de la Croix de Jésus-Christ.*

Jolie reliure, en vélin, aux armes d'**Anne d'Autriche** et entièrement semée du chiffre de la reine et de fleurs de lis.

9. EPISTOLÆ ET EVANGELIA totius anni, ex præscriptio missalis romani S. pontificis Clementis VIII, jussu recogniti. Ex Reginæ regentis edita. *Parisiis, apud Séb. et Gabriel Cramoisy,* 1647, in-8°, réglé, comp. de fil. et fleurons, dos orné, dent. int., tr. dor. (*Rel. anc.*)

Exemplaire de dédicace aux armes d'**Anne d'Autriche**, elles sont entourées de la cordelière de veuve.

Nº 7. A. de Laval. *Desseins de professions.*
Exemplaire de Louis XIII.

LOUIS XIV

10. **Modène** (Le Comte de). Histoire des révolutions de la ville et du royaume de Naples, contenant les actions les plus secrettes et les plus mémorables de tout ce qui s'y passa jusqu'à la mort du prince de Massa. *A Paris, chez Théodore Girard,* 1668, 3 vol. in-12, mar. vert, fil., fleurs de lis aux angles, dos fleurdelisé, dent. int., tr. dor. (*Rel. anc.*)

    231

> Exemplaire aux armes de **Louis XIV**.
>
> L'auteur de cet ouvrage, Esprit de Raimond de Mormoiron, comte de Modène, chambellan de Monsieur, frère du Roi, eut une liaison avec Madeleine Béjart qui devint plus tard la maîtresse de Molière.

11. **Vertron** (de). Paralelle de Louis le Grand avec les princes qui ont esté surnommez Grands. *A Paris, chez Jacques Lefebvre,* 1685, in-12, mar. rouge, fil., fleurs de lis aux angles, dos fleurdelisé, dent. int., tr., dor. (*Rel. anc.*)

    175

> Curieux exemplaire, portant sur le premier plat de la reliure un soleil surmonté de la devise : *Non surrexit maior* et sur le second, les armes du roi **Louis XIV**, auquel l'ouvrage fut présenté.

12. **Office de la semaine sainte** (L') selon le missel et bréviaire romain. De la traduction de M. de Marolles, abbé de Villeloin... *A Paris par la Compagnie des Libraires associés,* 1688, in-8°, mar. rouge,

    36

comp. de fil., fleur de lis aux angles, dos fleurdelisé, tr. dor. (*Rel. anc.*)

Exemplaire au chiffre de **Louis XIV**.

13. RÉFLECTIONS sur quelques parolles de Jésus-Christ, particulièrement sur les sept dernières qu'il a prononcées sur la Croix. Pour servir d'un saint entretien à l'âme chrétienne pendant la Messe. *Se vend à Paris, chez N. Bonnart, s. d.*, in-12, mar. rouge, fil., chiffre de Louis XIV aux angles, dos orné, tr. dor. (*Rel. anc.*)

Exemplaire aux armes de **Louis XIV**.
Volume entièrement gravé par *N. Bonnart* et dédié à Mme de Maintenon.

14. BEAULIEU (de). La Vie de Saint Thomas, archevesque de Cantorbery et martyr. Tirée des quatre auteurs contemporains qui l'ont écrite et des historiens d'Angleterre qui en ont parlé, des lettres du saint, du pape Alexandre III et de plusieurs grands personnages du même temps ; et des annales du cardinal Baronius. *Paris, P. Le Petit*, 1674, in-4° réglé, mar. rouge, fil., dos orné, dent. int., tr. dor. (*Rel. anc.*)

Bel exemplaire aux armes de la reine **Marie-Thérèse**, d'Autriche, femme de Louis XIV, avec son chiffre aux angles des plats de la reliure.

15. TAVERNIER (J. B.). Nouvelle relation de l'intérieur du Serrail du grand seigneur, contenant plusieurs singularitez qui jusqu'icy n'ont point esté mises en lumière. *A Paris, chez Gervais Clouzier*, 1675, in-4°,

Nº 14. Beaulieu. *Vie de Saint Thomas, archevêque de Cantorbéry.*
Exemplaire de Marie Thérèse, femme de Louis XIV.

mar. rouge, comp. de fil., fleurs de lis aux angles,
dent. int., tr. dor. (*Rel. anc.*)

Aux armes du **Grand Dauphin**, fils de Louis XIV.

16. PERROT (C.). Les Leçons royales, ou la manière
de peindre en mignature les fleurs et les oyseaux
par l'explication des livres de fleurs et d'oyseaux de
feu Nicolas Robert, fleuriste. Composées par damoi-
selle Catherine Perrot, peintre académiste, femme
de M. C. Horry, notaire-apostolique de l'arche-
vesché de Paris. Dédiées à Madame la Dauphine.
Paris, Jean B. Nego, 1686, in-12, mar. rouge, fil.
et fleurs de lis aux angles, dos fleurdelisé, dent. int.,
tr. dor. (*Rel. anc.*)

Exemplaire de dédicace aux armes de **Marie-Anne-Christine-Victoire de Bavière**, dauphine, femme du Grand Dauphin, fils de Louis XIV.
Exemplaire ayant appartenu à Jamet, avec sa signature sur
le titre et des notes de sa main.

17. LE GOBIEN (Charles). Histoire des isles Marianes ;
nouvellement converties à la religion chrestienne ;
et de la mort glorieuse des premiers missionnaires
qui y ont prêché la foy. *A Paris, Nicolas Pepie*,
1700, in-12, mar. rouge, fil., dos orné, dent. int.,
tr. dor. (*Rel. anc.*)

Aux armes du **duc de Bourgogne**, fils du Grand Dauphin
et père de Louis XV.

18. OFFICE DE LA SEMAINE SAINTE latin et français à
l'usage de Rome et de Paris ; avec l'explication des
cérémonies de l'Eglise. *A Paris, chez Antoine Dezal-*

lier, 1701, in-8", mar. rouge, fil., dos orné du chiffre de Marie-Adélaïde de Savoie, dent. int., tr. dor. (*Rel. anc.*)

Aux armes de **Marie Adélaïde de Savoie**, femme du duc de Bourgogne.

19. Casiri (Michael). Bibliotheca Arabico-Hispana Escuraliensis sive librorum omnium mss. quos Arabicè ab auctoribus magnam partem Arabo-Hispanis compositos Bibliotheca Cœnobii Escurialensis complectitur. *Matriti, Ant. Perez de Soto imprimebat,* 1760-1770, 2 vol. in-fol., mar. rouge, fil., dent. à petits fers., dos orné, tr. dor. (*Rel. anc.*)

Catalogue fait avec soin et tiré à petit nombre.
Exemplaire de dédicace aux armes de **Charles III**, second fils de Philippe V, roi d'Espagne, fils du Grand Dauphin.

20. Mercure galant. Mai 1688, décembre 1689, septembre 1692, *Paris, au Palais,* 1688-1692, 3 vol. in-12, mar. rouge, fil., fleurs de lis aux angles, dos fleurdelisé, dent. int., tr. dor. (*Rel. anc.*)

Aux armes de Louis-Auguste de Bourbon, **duc du Maine**, fils aîné de Louis XIV et de Madame de Montespan, légitimé en 1673. Les armoiries sont entourées des emblèmes de la charge de colonel général des Suisses et Grisons.

21. Mercure galant. Mars 1705. *A Paris, chez Michel Brunet,* 1705, in-12, mar. rouge, fil., fleurs de lis aux angles, dos orné et fleurdelisé, dent. int., tr. dor. (*Rel. anc.*)

Aux armes de Louis-Auguste de **Bourbon**, duc du **Maine**, avec les emblèmes de grand maître de l'artillerie.

22. Triomphe de la générosité (Le), présenté à son Altesse Sérénissime Monseigneur le duc du Maine. Manuscrit in-4° de 22 pp., mar. rouge, fil., fleurons aux angles, dos orné, dent. int., tr. dor. (*Rel. anc.*)

Manuscrit de dédicace, autographe de Chervin de Rivière, ancien officier d'infanterie, et relié aux armes de Louis-Auguste de Bourbon, duc du Maine, fils naturel de Louis XIV et de Madame de Montespan.

280

23. Barrème. Compte-fait de Barrême, ou tarif général, dédié à Monseigneur Desmaretz, ministre d'État et contrôleur général des finances. *Se vend à Paris, chez la Veuve Macé, dans la nouvelle maison du Sᴿ Barrême*, 1710, in-12, titre gravé, front. et armes de Desmaretz, mar. rouge, fleurons aux angles, tr. dor. (*Rel. anc.*)

Aux armes de la duchesse du Maine, Anne-Louise de Bourbon, petite-fille du Grand Condé ; provenance rare.

67

24. Acis et Galatée, pastorale héroïque en musique, représentée, pour la première fois, dans le château d'Anet, devant Monseigneur le Dauphin, par l'Académie Royale de musique. *A Paris, par Christophe Ballard*, 1686, in-4°, front. par Bérin, gravé par Dolivar, mar. rouge, fil., fleurs de lis aux angles, dos fleurdelisé, tr. dor. (*Rel. anc.*)

Aux armes de Louis-Alexandre de Bourbon, comte de Toulouse, troisième fils de Louis XIV et de Madame de Montespan, légitimé en 1681.

305

25. Calendrier de la Cour tiré des éphémérides pour l'année 1777. *A Paris, chez la Vᵛᵉ Hérissant*, 1777,

110

in-18, mar. rouge, dent., dos fleurdelisé, gardes de tabis bleu, tr. dor. (*Rel. anc.*)

Aux armes de Louis-Jean-Marie de **Bourbon**, duc de **Penthièvre**, grand amiral de France, fils du comte de Toulouse.

26. Boissel. Le Vade mecum en françois et en vers libres. Dédié et présenté à S. A. S. Mgr. le duc de Penthièvre, amiral de France, pour le jour de l'An 1780, 16 pag. — A son Altesse sérénissime, Madame la duchesse de Chartres pour le jour de l'An 1780, 11 pag. — Le Retour de l'Amérique, 7 pag. (*Paris*, 1780), 3 part. en 1 vol. petit in-12, mar. rouge, fil., dos orné, dent. int., tr. dor. (*Rel. anc.*)

Aux armes de Marie-Thérèse-Louise de **Savoie-Carignan**, princesse de **Lamballe**, mariée en 1767, au prince de Lamballe, fils du duc de Penthièvre.

LOUIS XV

27. SACRE DE LOUIS XV (Le), roy de France et de Navarre, dans l'Église de Reims, le dimanche XXV octobre MDCCXXII. (Texte rédigé par Danchet.) *S. l. n. d.* (*Paris*, 1722), gr. in-fol., mar. rouge, fil. et large dent., dos orné du chiffre de Louis XV, dent. int., gardes de tabis bleu, tr. dor. (*Rel. anc.*)

Très bel exemplaire aux armes de **Louis XV**, recouvert de la riche reliure à larges dentelles de Padeloup. Texte entièrement gravé, entouré de bordures, cartouches, fleurons gravés par d'*Ulin;* 1 titre gravé, 8 grandes vignettes en tête, 9 planches doubles et 3o planches de costumes des grands officiers de la Cour, par *Cochin, Tardieu,* etc.

28. MÉDAILLES sur les principaux événements du règne entier de Louis le Grand, avec des explications historiques (par Charpentier, Tallement, Racine, Boileau, etc.). *A Paris, de l'Imprimerie royale,* 1723, in-fol., mar. rouge, fil., dos fleurdelisé et chiffre de Louis XV, dent. int., tr. dor. (*Rel. anc.*)

> Aux armes de **Louis XV.**
> 1 beau frontispice par *Coypel,* avec un portrait de Louis XIV, 318 planches de médailles par *Séb. Le Clerc, B. Picard,* etc. Texte encadré.
> Exemplaire d'Amb. Firmin-Didot.

29. STATUTS (Les) de l'Ordre du St-Esprit, estably par Henri IIIme du nom, roy de France et de Pologne au mois de décembre, l'an 1578. *De l'Imprimerie royale,* 1740, in-4°, titre gravé, en-têtes, lettres ornées, fleurons et culs-de-lampe de Séb. Le Clerc, mar. rouge, dent. fleurdel., dos orné de larmes et de fleurs de lis, dent. int., tr. dor. (*Rel. anc.*)

> Exemplaire aux armes de **Louis XV,** orné aux angles des plats des emblèmes du Saint-Esprit.

3o. OFFICE DE LA SEMAINE SAINTE (L') à l'usage de la maison du Roy. *A Paris, de l'Imprimerie de Jacques Collombat,* 1743, in-8°, front et titres gravés, mar. rouge, dent. fleurdelisée, dos fleurd., tr. dor. (*Rel. anc.*)

> Aux armes de **Louis XV.**

31. Du Faur de Gache (le P.). Éloge de Louis XV, prononcé dans l'Hôtel de Ville de Paris, devant M. le Prévôt des marchands et messieurs les Échevins, pour les inviter à une cérémonie solennelle qui se pratique tous les ans au Louvre, le jour de Saint-Louis, pour la conservation du Roi. *A Paris, chez Knapen,* 1755, in-8, mar. rouge, fil., fleur de lis aux angles, dos fleurdelisé, dent. int., gardes de tabis bleu, tr. dor. (*Rel. anc.*)

Exemplaire imprimé sur GRAND PAPIER aux armes de Louis XV.

On a collé sur le feuillet de garde du volume un dessin à la plume et à l'encre de Chine représentant une médaille avec cette légende : *Pietas, et honos.* Au-dessus se trouvent les mots *Pour la Reyne* qui seraient autographes de Louis XV. Cette médaille provient de Moët, bibliothécaire de Louis XV.

32. RECUEIL DES FESTES, feux d'artifice, et pompes funèbres, ordonnées pour le Roi, par messieurs les premiers gentilshommes de sa chambre. Conduites par messieurs les Intendans et controleurs généraux de l'Argenterie, menus plaisirs et affaires de la Chambre de Sa Majesté. *A Paris, de l'Imprimerie de Ballard,* 1756, gr. in-fol., mar. rouge, fil. et comp. de dent., fleurs de lis aux angles, dos orné de fleurs de lis et du chiffre de Louis XV, dent. int., tr. dor. (*Rel. anc.*)

Très bel exemplaire dans une riche reliure aux armes de Louis XV.

13 grandes estampes dessinées et gravées par *Cochin* père et fils. *Pompe funèbre de Polixène de Hesse-Rhinfels,* 1735. — *Dessein de l'illumination et du feu d'artifice donnés au Dauphin*

à Meudon, 1735. — Vue perspective de la décoration élevée sur la terrasse du château de Versailles, à l'occasion du mariage de Mme Élisabeth, 1739. — Pompe funèbre d'Élisabeth de Lorraine, 1741. — Cérémonie du mariage du Dauphin avec Marie Thérèse d'Espagne, 1745. — Décoration de la salle de spectacle construite à Versailles pour le mariage du Dauphin, 1745. — Décoration du bal paré donné par le Roy à l'occasion du mariage du Dauphin, 1745. — Décoration du bal masqué donné à Versailles, 1745. — Pompe funèbre de Marie Thérèse d'Espagne, Dauphine, à Saint-Denis et à N. D. de Paris, 1746. — Pompe funèbre de Philippe de France, roi d'Espagne, 1746. — Plan du lit de Justice, 1756, 2 planches.

33. Reliure ancienne transformée en buvard, in-4°. mar. vert, fil. et large dent. à petits fers, dos orné, gardes de moire rose, dent. int. *248*

Aux armes et au chiffre de **Louis XV**. Belle dentelle à petits fers.

34. Mémoires sur divers genres de littérature et d'histoire; mêlés de remarques et de dissertations critiques. Ouvrage divisé en deux parties. Première partie contenant des recherches de productions de la nature de pièces fugitives, etc., par la société des Curieux. (Seconde partie : divers ouvrages historiques et vies des grands hommes). *Paris, chez la veuve Le Febvre,* 1722, in-12, portrait, mar. rouge, fil., dos orné, dent. int., tr. dor. (*Rel. anc.*) *435*

Curieux exemplaire de dédicace aux armes de **Marie-Anne-Victoire, infante d'Espagne**, fille de Philippe V, fiancée à Louis XV encore enfant, mais que le duc de Bourbon renvoya, voulant placer sur le trône sa propre sœur Mlle de Vermandois.

Portrait de l'Infante avec les mots *future Reyne de France* dans la légende et les armes de France et d'Espagne. La dédicace du livre est adressée à *l'Infante-reine.*

35. ALMANACH ROYAL. Année 1766. *Paris, Le Breton,* in-8, mar. rouge, grande plaque dorée, dos fleurdelisé, dent. int., doublé et gardes de moire bleue, tr. dor. (*Rel. anc.*)

500

Bel exemplaire aux armes de la Reine **Marie Leczinska.**
Belle plaque de Dubuisson ornée de fleurs et de rocailles.

36. ÉTAT DE LA SUISSE, écrit en 1714. Trad. de l'anglois (d'Abraham Temple Stanyan). *Amsterdam, chez les frères Wetstein,* 1714, in-12, mar. rouge, fil., dos orné, dent. int., tr. dor. (*Rel. anc.*)

150

Aux armes du **Dauphin,** fils de Louis XV et père de Louis XVI.

37. NEPVEU (François). La Manière de se préparer à la mort pendant la vie, qui peut servir pour une retraite de huit jours. *A Paris, Delespine,* 1716, in-12, mar. vert, fil. et fleurs de lis à froid aux angles, dent. int., doublé de tabis rose, tr. dor. (*Rel. anc.*)

235

Aux armes du **Dauphin,** fils de Louis XV et père de Louis XVI, frappées à froid, sur les plats.
Exemplaire de Jules Janin.

38. ORLÉANS (le Père d'). Histoire des révolutions d'Angleterre depuis le commencement de la monarchie. Nouvelle édition, revue et corrigée sur celle de Paris 1693. *A la Haye, chez Isaac van der Kloot,* 1729, 3 tomes en 1 vol, in-4°, front. gravé, mar.

219

vert, fil., fleurons aux angles, dos orné de pièces d'armoiries, dent. int., tr. dor. (*Rel. anc.*)

Aux armes de **Marie-Thérèse d'Espagne**, première femme du Dauphin, fils de Louis XV ; elle était fille de Philippe V, roi d'Espagne.

39. Arcq (Le Chevalier d'). Histoire générale des guerres, divisée en trois époques : la première depuis le Déluge jusqu'à l'ère chrétienne, la seconde depuis l'ère chrétienne jusqu'à la chute de l'Empire d'Orient, la troisième depuis la chute de l'Empire d'Orient jusqu'à l'année 1748... *A Paris, Imp. royale*, 1756. 2 vol. in-4°, front. par Eisen, gravé par Chenu, mar. rouge, fil. et large dent. à petits fers sur les plats, dos orné, dent. int., tr. dor. (*Rel. anc.*)

Riche reliure aux armes de **Marie-Josèphe de Saxe**, mère de Louis XVI et seconde femme du Dauphin, fils de Louis XV.
Mouillure au front. et aux 30 premiers feuillets du premier volume dont un des plats est taché d'encre.

40. Rudiment françois à l'usage de la jeunesse des deux sexes, pour apprendre en peu de temps sa langue par règles, les principes d'ortographe, etc. Dédié à Mgr le duc de Bourgogne (par Bouchot, chanoine de la collégiale Sainte-Croix de Pont-à-Mousson). *Paris, Merigot père*, 1759, in-12, mar. rouge, fil., fleurs de lis aux angles, dos orné et fleurdelisé, dent. int., tr. dor. (*Rel. anc.*)

Exemplaire de dédicace, sur papier fort, aux armes de Louis-Joseph-Xavier, **duc de Bourgogne**, fils aîné du dauphin fils de Louis XV, et frère de Louis XVI. Il mourut le 22 mars 1761.

Tache dans la marge des derniers feuillets.

41. GROS DE BESPLAS (l'abbé). Les Causes du bonheur public, par l'abbé Gros de Besplas, aumônier du comte de Provence. *A Paris, chez la Vve Laurent Prault*, 1774, 2 vol. in-12, mar. rouge, fil., dos orné, dent. int., tr. dor. (*Rel. anc.*)

Aux armes de Marie-Louise de Savoie, **Comtesse de Provence**, belle-fille du dauphin, fils de Louis XV.

42. BENCIRECHI (L'abbé). Leçons hebdomadaires de la langue italienne à l'usage des Dames, suivies de deux vocabulaires ; d'un recueil des synonimes français de l'abbé Girard, appliqués à cette science, etc., *A Paris, chez l'Auteur*, 1778, in-12, mar. rouge, fil., dos fleurdelisé, dent. int., tr. dor. (*Rel. anc.*)

Exemplaire aux armes de **Madame Élisabeth**, dernier enfant du dauphin, fils de Louis XV et sœur de Louis XVI. L'exlibris gravé de cette princesse est à l'intérieur du volume.

43. AJAX, tragédie, représentée pour la première fois par l'Académie royale de Musique, le 20 avril 1716, le 16 juin 1726, le 2 août 1642, et remise au théâtre le mardi 13 mai 1755. (Les paroles de feu M. Mennesson ; la musique de feu M. Bertin.) *A Paris, chez la Vve Delormel*, 1755, in-4°, mar. rouge, fil, dent. fleurdelisée, fleurs de lis aux angles et au dos, gardes de tabis rose, tr. dor. (*Rel. anc.*)

Les plats sont ornés d'un écu en losange, écartelé de France et de Dauphiné, surmonté d'une couronne fleurdelisée. Ces

Nᵒ 42. Bencirechi. *Leçons de la langue italienne.*
Exemplaire de Madame Elisabeth.

armoiries ont été successivement attribuées à Marie Antoinette, dauphine, à Madame Royale et, avec plus de vraisemblance, à Madame Elisabeth. Voir à ce sujet la lettre adressée par M. Ed. Rahir aux *Archives de la Société française des collectionneurs d'ex-libris*, livraison de juillet 1905.

44. Exercices publics de MM. les élèves de l'Ecole Royale-Militaire d'Effiat sous la direction des prêtres de l'Oratoire, dédiés à Mesdames Adélaïde et Victoire de France. *A Clermont-Ferrand, chez Antoine Delcros,* 1785, in-4° de 98 pages, titre gravé, veau fauve, dos orné, tr. dor. (*Rel. anc., fatig.*)

Exemplaire aux armes de **Mesdames de France,** filles de Louis XV.

Les pages 89 à 98 renferment la distribution des prix de 1785, avec les noms des lauréats,

45. Calendrier de la cour, tiré des éphémérides, pour l'année 1789. *A Paris, chez la Vve Hérissant,* 1789, in-18, mar. rouge, dent., dos fleurdelisé, gardes de tabis bleu, tr. dor. (*Rel. anc.*)

Exemplaire très frais aux armes de **Madame Adélaïde,** quatrième fille de Louis XV.

46. Lacassagne. Traité général des élémens du chant, dédié à monseigneur le Dauphin, par l'abbé Lacassagne, *Paris, chez l'auteur, la Vve Duchesne et Versailles, Fournier,* 1766, in-8°, entièrement gravé, mar. rouge, fil. et dent. à petits fers, **tr. dor.** (*Rel. anc.*)

Bel exemplaire aux armes de **Madame Adélaïde,** fille de Louis XV.

47. BRETONNEAU (le Père). Sermons du Père Bretonneau, de la Compagnie de Jésus, Avent. 1 vol. —
Carême, 3 vol. — Mystères et fêtes, 3 vol. — *A Paris
chez Hippolyte-Louis Guérin,* 1749, 7 vol. in-12,
mar. vert, fil. et large dent., dos orné, dent. int.,
gardes de tabis rose, tr. dor. (*Rel. anc.*)

1600

Jolies reliures de Derome, très fraîches, ornées d'une large
dentelle à petits fers et aux armes de **Madame Victoire,** cinquième fille de Louis XV.

48. CROISET (le P.). Retraite spirituelle pour un jour de
chaque mois, par le Père Jean Croiset, de la Compagnie de Jésus. *Paris, Coignard,* 1751, 2 vol.
in-12, mar. vert, fil. et large dent. à petits fers,
dos orné, dent. int., doublés de tabis rose, tr. dor.
(*Rel. anc.*)

350

Aux armes de **Madame Victoire,** fille de Louis XV,

49. NICOLE. Essais de morale, contenus en divers
traités sur plusieurs devoirs importans (par P. Nicole). *Paris, Desprez,* 1755, 4 vol. in-12, mar.
vert, fil. et dent. à petits fers, dos orné, dent.
int., tr. dor. (*Rel. anc.*)

205

Aux armes de **Madame Victoire,** fille de Louis XV.
Les fleurs de lis et la couronne des armoiries ont été refaites.

50. VAUBERT (Le P. L.). La Dévotion à Notre-Seigneur Jésus-Christ dans l'Eucharistie. *A Paris, chez
Gabriel-Charles Berton,* 1752, in-12, mar. citron,
fil., dos orné, dent. int., tr. dor. (*Rel. anc.*)

25

Tome II, aux armes de **Madame Sophie,** sixième fille de
Louis XV.

Nº 47. *Sermons du P. Bretonneau.*
Exemplaire de Madame Victoire.

LOUIS XVI

51. Catalogue de pièces choisies du répertoire de la
Comédie française mis par ordre alphabétique, avec
les personnages de chaque pièce, et le nombre des
lignes ou vers de chaque rôle, etc. *A Paris, de
l'Imprimerie de Simon*, 1775, in-12, mar. vert.,
large dent. à petits fers, dos fleurdelisé, dent. int.,
gardes de tabis rose, tr. dor. (*Rel. anc.*)

Jolie reliure, très fraîche, aux armes de **Louis XVI** ; elle est
ornée d'une belle et large dentelle à petits fers.

52. Calendrier de la Cour, tiré des éphémérides,
pour les années 1782 et 1783... *A Paris, chez la
V*ᵛᵉ *Hérissant*, 2 vol. in-18, mar. rouge, fil. et dent.,
dos orné, tr. dor. (*Rel. anc.*)

L'année 1782 est aux armes de **Louis XVI**, et l'année 1783,
est dans une jolie rel. avec dent. et milieux formés d'un bou-
quet de roses.

53. Formulae pronaï, cæteraque ad pronaüm perti-
nentia, excerpta e pastorali parisiensi, Ill. et Rever.
DD. Ant. El. Leonis Le Clerc de Juigné, arch.
Parisiensis. *Parisiis, excudebat Cl. Simon*, 1787,
in-8°, mar. rouge, fil. et large dent. à petits fers, dos
fleurdelisé, dent. int., tr. dor. (*Rel. anc.*)

Jolie reliure aux armes de **Louis XVI**, ornée d'une large
dentelle à petits fers renfermant une grande fleur de lis aux
angles et le chiffre couronné de Louis XVI. Les armoiries, qui
avaient été recouvertes au moment de la Révolution, ont été

remises au jour depuis. On voit encore la trace des fers dorés qui retenaient le petit médaillon de maroquin mis pour cacher les armoiries.

54. OFFICE DE S. ROCH noté. Pierre Rethoré, 1787. Manuscrit de 75 feuillets, in-12, mar. rouge, fil., et dent. à petits fers, dos fleurdelisé, dent. int., tr. dor. (*Rel. anc.*)

Jolie reliure aux armes de **Louis XVI**. Manuscrit bien écrit avec l'office noté en plain-chant.

55. ALMANACH ROYAL. Années 1787 et 1790. *A Paris, chez la Ve d'Houry*, 2 vol. in-18, mar. rouge, dent. et fil., dos orné, gardes de tabis bleu, tr. dor. (*Rel. anc.*)

L'année 1787 est aux armes de **Louis XVI** et l'année 1790 est ornée d'un encadrement et d'une dentelle à petits fers.

56. ALMANACH. Les parfaits modèles choisis dans les saints personnages. Étrennes édifiantes, *A Paris, chez Janet, s. d.*, in-32, 1 front. et 10 figures, mar. vert, fil., fleurons aux angles, dos orné, tr. dor. (*Rel. anc.*)

Ce petit almanach a été placé dans une reliure aux armes de **Louis XVI**,

57. RELIURE de format in-12, en mar. rouge, fil., doublée de tabis bleu,

Cette reliure, aux armes de la Reine **Marie-Antoinette**, renfermait le *Livre des Postes de France*.

58. NEUFCHATEAU (François de). Anthologie morale, ou choix de quatrains et de distiques, pour exercer la mémoire, orner l'esprit et former le cœur des jeunes gens. Dédiée à Monseigneur le Dauphin. *Paris, Cailleau,* 1784, in-18, mar. vert, fil., dos orné, dent. int., tr. dor. (*Rel. anc.*)

Précieux petit volume aux armes du **dauphin Louis Joseph,** fils aîné de Louis XVI, mort à Meudon, le 4 juin 1789.

CHARLES X

59. Neuve-Eglise (de). Le Patriote artésien. Dédié à Monseigneur le comte d'Artois. *Paris, Despilly, Le Clerc,* 1761, in-8°, frontispice gravé, dent. à petits fers, dos orné et fleurdelisé, dent. int., tr. dor, (*Rel. anc.*)

Bel exemplaire de dédicace aux armes du **comte d'Artois,** cinquième fils du Dauphin, fils de Louis XV, roi sous le nom de Charles X.

60. Livre de poste, ou état général des postes du royaume de France, suivi de la carte géométrique des routes desservies en poste, avec désignation des relais et des distances, pour l'an 1826. *Paris, Imp. royale,* 1826, in-8°, mar. rouge, fil., dent. dor. et à froid, dos orné, gardes de tabis bleu, tr. dor. (*Rel. anc.*)

Aux armes de **Charles X.**

61. Renaud, tragédie lyrique en trois actes (le poème de Lebœuf, la musique de Sacchini), représentée

pour la première fois par l'Académie Royale de musique, le mardi 25 février 1783, *A Paris, de Lormel,*
1783, in-4°, mar. rouge, dent. et dos fleurdelisés,
gardes de tabis rose, tr. dor. (*Rel. anc.*)

Aux armes de Marie-Thérèse de Savoie, **comtesse d'Artois.**

62. RECUEIL factice de 61 portraits des rois de France,
de Pharamond à Louis XVI. En 1 vol : in-12, mar.
rouge, dent., dos orné, tr. dor. (*Rel. anc.*)

Remboîtage dans une reliure aux armes de Sophie, Mademoiselle d'**Artois**, fille du comte d'Artois, née le 5 août 1776
et morte le 5 décembre 1783.

63. ODALIE, ou le vœu criminel, roman historique par
Mademoiselle L***. *Paris, Gogey,* 1819, 2 vol. in-12,
veau fauve, fil. et dent., dos orné, dent. int., tr.
dor. (*Rel. de l'époque.*)

Aux armes de la duchesse de **Berry**, belle-fille de Charles X.

II. — BRANCHE CADETTE

64. ESPRIT. La Fausseté des vertus humaines. *A Paris,
chez Guil. Desprez,* 1678, 2 vol. in-12, mar. rouge,
comp. de fil., à la Du Seuil, dos orné, dent. int.,
tr. dor. (*Rel. anc.*)

Aux armes de **Philippe d'Orléans**, Monsieur, frère de
Louis XIV.

65. Office de la semaine sainte (L') selon le missel et le bréviaire Romain, Avec la Concordance du Missel et du Bréviaire de Paris. De la traduction de M. de Marolles... *A Paris, par la Compagnie des librairies associez*, 1667, in-12, réglé, mar. rouge, fil., chiffre aux angles répété au dos, dent. int., tr. dor. (*Rel. anc.*)

> Aux armes et au chiffre de Henriette Anne d'Angleterre, fille de Charles Ier, petite-fille de Henri IV et première femme de Monsieur, frère de Louis XIV, duchesse d'**Orléans**.
> Reliure fatiguée.

66. Loyac (Jean de), Le Triomphe de la charité en la vie du Bien-Heureux Jean de Dieu. Institution et progrez de son ordre religieux. Avec les cérémonies de sa béatification et de la translation solennelle de sa relique, envoyée à la Reyne mère par le Roy d'Espagne. Composé par messire Jean de Loyac, aumônier et prédicateur ordinaire du Roy. *A Paris, chez Antoine Chrestien*, 1651, pet. in-4°, réglé, front. gravé, mar. rouge, dent., chiffres aux angles, répétés au dos, dent. int., tr. dor. (*Rel. anc.*)

> Jolie reliure, très fraîche, aux armes et au chiffre de **Charlotte Élisabeth** de Bavière, princesse Palatine, seconde femme de Monsieur et mère du Régent.
> De la bibliothèque de M. le baron Roger Portalis.

67. Le Gobien. Histoire des isles Marianes, nouvellement converties à la religion chrestienne ; et de la mort glorieuse des premiers missionnaires qui y ont prêché la Foy. *A Paris, chez Nicolas Pépie*, 1700,

in-12, 2 cartes, mar. rouge, fil., dos orné, dent.
int., tr. dor. (*Rel. anc.*)

Aux armes de **Philippe d'Orléans**, dit le **Régent**.

68. Office (L') de la quinzaine de Pasque, latin-fran-
çois, à l'usage de Rome et de Paris. *A Paris, aux
dépens des Libraires associés*, 1745, in-12, mar.
rouge, fil., dos fleurdelisé, tr. dor. (*Rel. anc.*)

Aux armes de Françoise Marie de Bourbon, dite **Mademoiselle de Blois**, fille de Louis XIV et de Madame de Montespan,
duchesse d'**Orléans**, femme du Régent, morte en 1749.

69. Nicolle. Essais de morale, contenus en divers trai-
tez sur plusieurs devoirs importans (par P. Nicolle).
A La Haye, chez Adrian Moetjens, 1702, 10 vol. pet.
in-12, mar. rouge, fil., fleurs de lis aux angles,
dos fleurdelisé, dent. int., tr. dor. (*Rel. anc.*)

Aux armes de Marie-Louise Élisabeth d'**Orléans**, duchesse
du **Berry**, seconde fille du Régent.
Provenance rare.

70. Lebeuf (J.). Histoire de la prise d'Auxerre par
les Huguenots et de la délivrance de la même ville,
les années 1567 et 1568. Avec un récit de ce qui a
précédé et de ce qui a suivi ces deux fameux événemens; et des ravages commis à La Charité, Gien,
Cône, Donzi, Entrains, Crevan, Iranci, Colanges-
les-Vineuses et autres lieux du diocèse d'Auxerre.
Le tout précédé d'une ample préface sur les antiquitez d'Auxerre, et enrichi de notes historiques sur les
villes, bourgs et villages, et sur les personnes prin-

cipales qui sont nommées dans cette histoire. Par un
chanoine de la cathédrale d'Auxerre (J. Lebeuf).
A Auxerre, chez Jean-Baptiste Troche, 1723, in-8°,
mar. rouge, fil., dent. à petits fers, dos orné, dent.
int. tr. dor. (*Rel. anc.*)

Bel exemplaire de dédicace aux armes de Louise-Adélaïde
d'Orléans, troisième fille du Régent, **abbesse de Chelles**.

Cet exemplaire contient les *Pièces justificatives*, 64 pp. et le
Supplément, 8 pp., plus les 4 ff. non chiff. de corrections. On y
a joint un portrait de l'abbesse de Chelles.

Sur le titre se trouve cette inscription : *Madame* 1740. Cette
inscription a été attribuée à Madame, femme du Régent. Nous
croyons plutôt que ces mots veulent indiquer le livre de la
supérieure du couvent, comme l'exemple se rencontre fréquem-
ment. Une princesse de la Maison de France signait toujours
de ses prénoms.

71. RECUEIL de pièces qui regardent le gouvernement
du royaume d'Angleterre et qui ont rapport aux
affaires présentes de l'Europe, traduites de l'anglais.
On y a joint l'Histoire de l'abdication de Victor-
Amédée, roi de Sardaigne. *La Haye, H. Scheurleer*,
1734, pet. in-12, veau brun.

Exemplaire aux armes de Charles de **Saint-Albin**, évêque
de Laon, bâtard du Régent Philippe d'Orléans, avec son chiffre
sur le dos de la reliure.

72. OFFICE de la quinzaine de Pasque (L'), latin-fran-
çois, à l'usage de Rome et de Paris, pour la maison
de Mgr le duc d'Orléans. *A Paris, chez d'Houry*,
1740, in-8°, mar. rouge, fil. et pet. dent. fleurd.,
dos orné, dent. int., tr. dor. (*Rel. anc.*)

Aux armes de Louis Ier, duc d'**Orléans**, mort en 1752, fils
du Régent, elles sont répétées au dos du volume.

73. **Marmontel**. Poétique françoise. *A Paris, chez Lesclapart*, 1763, 2 vol. in-8°, fleuron de Cochin sur les titres, mar. rouge, fil. et dent. à petits fers, dos orné, dent. int., tr. dor. (*Rel. anc.*)

Très bel exemplaire dans une excellente reliure aux armes de Louis-Philippe Ier, duc d'Orléans (petit-fils du Régent), ou de son fils Philippe-Égalité.

74. **Calendrier de la Cour**, tiré des éphémérides pour l'année 1774. *A Paris, chez la Vve Hérissant,* 1774, in-12, mar. rouge fil., dent., dos orné, gardes tabis bleu, tr. dor. (*Rel. anc.*)

Exemplaire très frais aux armes de Louise-Marie-Thérèse-Bathilde d'Orléans, fille de Louis-Philippe Ier, duc d'Orléans, née en 1750, mariée en 1770 au duc de Bourbon, prince de Condé, né le 13 août 1756 et mort en 1830.

75. **Malarme** (Mme de). Mémoires de Clarence Well-done, ou le pouvoir de la vertu, histoire angloise. *A Londres, et se trouve à Paris, chez Cailleau,* 1780, 2 vol. in-18, mar. vert., fil., dos orné, dent. int., tr. dor. (*Rel. anc.*)

Aux armes de Philippe-Joseph d'Orléans dit Philippe-Égalité.

76. **Almanach du voyageur** à Paris, contenant une description sommaire, mais exacte, de tous les monumens... que renferme cette capitale, par M. Thiéry, *Paris, Hardouin et Gattey,* 1786, pet. in-12, mar. vert, fil. et large dent. à petits fers, dos fleurdelisé, dent. int., tr. dor. (*Rel. anc.*)

Charmante reliure, très fraîche, aux armes de Marie-Adé-

Nᵒ 73. **Marmontel.** *Poétique française.*
Exemplaire du duc d'Orléans.

laïde de **Bourbon-Penthièvre**, fille du duc de Penthièvre, duchesse d'**Orléans**, femme de Philippe-Égalité.

Sur le titre cachet de la bibliothèque de Louis-Philippe au Palais-Royal.

77. Pieyre. L'École des pères, comédie en cinq actes, en vers. Les Amis à l'épreuve, comédie en un acte, en vers croisés, par le même. *A Paris, chez Debure.* 1788, 2 pièces en 1 vol. in-8°, mar. rouge, fil., dos fleurdelisé, dent. int., tr. dor. (*Rel. anc.*)

Exemplaire de dédicace imprimé sur papier vélin, relié aux armes du **duc de Chartres**, plus tard Louis-Philippe, roi de France.

III. — MAISON DE CONDÉ

78. Cresollius (L.). Theatrum veterum rhetorum, oratorum, declamatorum, quos in græcia nominabant sophistas, expositum. Libri quinque in quibus omnis eorum disciplina et dicendi ac docendi ratio, moresque produntur, vitia damnantur et magni utriusque linguæ illustrantur et emaculantur scriptores. Auctore Ludovico Cresollio armorico, e societate Jesu. *Parisiis, Séb. Cramoisy,* 1620, in-8°, basane fauve, fil., dent., dos et plats semés de fleurs de lis, tr. dor. (*Rel. anc.*)

Aux armes de Henri II de **Bourbon**, prince de **Condé**, père du Grand Condé.

79. MURETI (M. Antonii), i. c. et civis romani orationum volumina duo. Accesserunt indices in quibus ex ordine recensetur quam in causam et rem orationes habitae fuerint. Adjunximus etiam Caroli Sigonii orat. dissert. orationes VII. Atque Hymni sacri, epistolæ ac pœmata ejusdem Mureti. *Lugduni, Ant. de Harsy,* 1606, 2 part. en 1 vol. in-16, mar. fauve, plats et dos semés de fleurs de lis, tr. dor. (*Rel. anc.*)

Exemplaire, fatigué, aux armes de Charlotte-Marguerite de Montmorency, princesse de **Condé**, mère du Grand Condé.

80. MONGIN. Essais de jurisprudence divisez en quatre dialogues. Dédiez à Mgr. le Dauphin. *A Paris, Jean Cochart,* 1676, in-12, mar. rouge, fil., dos fleurdelisé, dent. int., tr. dor. (*Rel. anc.*)

Joli exemplaire aux armes de Louis II de **Bourbon**, dit le Grand Condé,

81. ORIGINE (L') des duels et des tournois et leurs différents combats. Manuscrit in-4°, de 119 pag., mar. vert, fil., fleurons aux angles, dos orné, dent. int., tr. dor. (*Rel. anc.*)

Manuscrit de dédicace aux armes de Charles de **Bourbon**, comte de **Charolais**, fils de Louis III, prince de Condé.
Manuscrit autographe de l'auteur Chervin de Rivière, ancien officier d'infanterie.

82. DESORMEAUX. Histoire de Louis de Bourbon, second du nom, prince de Condé, premier prince du sang, surnommé le Grand; ornée de plans de sièges et de batailles, *Paris, Saillant, Vᵛᵉ Duchesne,*

Desaint, 1766-1768, 4 vol. in-12, mar. vert, fil. et
fleurons aux angles, dos orné à petits fers, dent. int.,
tr. dor. (*Rel. anc.*)

Exemplaire de dédicace aux armes de Louis Joseph de **Bourbon**, prince de **Condé**.

LIVRES AUX ARMES

DE PERSONNAGES CÉLÈBRES

BIBLIOPHILES

(HOMMES ET FEMMES)

83. BREVE PARISIENSE, pro anno Domini bissextili 1780. Pascha occurente 26 Martii (et Obituarium ecclesiæ Parisiensis). *Parisiis, apud viduam Hérissant, s. d.,* 2 parties en 1 vol. in-12, mar. vert., fil. et dent. à petits fers, dos orné, dent. int., tr. dor. (*Rel. anc.*)

Aux armes de Christophe de Beaumont, archevêque de Paris.

84. DUCHESNE. Code de la police, ou analyse des règlemens de police, divisé en douze titres, par M. D. (Duchesne). *A Paris, Prault,* 1758, in-12, mar. rouge, grande plaque dorée, dos orné, dent. int., tr. dor. (*Rel. anc.*)

Reliure de Dubuisson, aux armes de Bertin, lieutenant général de police de la Ville de Paris.

85. La Grange (de). Œuvres meslées. *A La Haye, chez Charles Le Vier,* 1724, in-12, 7 vignettes de Bleyswick, veau fauve, fil., dos orné, tr. dor. (*Rel. anc., réparée.*)

Aux armes du duc J. M. de **Boufflers**.

86. Dictionnaire raisonné des Domaines et des droits domaniaux ; des droits d'échanges, et de ceux de contrôle des actes des notaires et sous-signatures privées, insinuations laïques, centième denier, petit-scel... (par Bosquet). *A Rouen, de l'Imp. de Jacques-Joseph Le Boullenger,* 1762, 3 vol. in-4°, mar. rouge, pièces des armoiries aux angles, fil., dos orné, dent. int., tr. dor. (*Rel. anc.*)

Aux armes de Charles-Robert **Boutin**, intendant général des Finances, exécuté en 1794.

87. Briot. Histoire des singularitez naturelles d'Angleterre, d'Écosse, et du pays de Galles : avec des raisonnemens qui expliquent les causes naturelles des choses qui paroissent les plus prodigieuses... Trad. de l'anglois de Monsieur Childrey par M. P. B. (Briot), *A Paris, chez Robert de Ninville,* 1667, in-8°, mar. vert, fil., fleurons aux angles, dos orné, dent. int., tr. dor. (*Rel. anc.*)

Exemplaire de dédicace imprimé sur grand papier et relié aux armes du duc de **Brunswig** et de **Lunebourg**.

88. Théatre de Société, ou recueil de différentes pièces, tant en vers qu'en prose, qui peuvent se jouer sur un théâtre de société, *A La Haye, et se*

trouve à Paris, chez P. Fr. Gueffier, 1768, 2 vol. in-8°, veau marb., tr. rouges. (*Rel. anc.*)

Aux armes de Antoine-Louis-François Lefèvre de **Caumartin**.

89. Étrennes géographiques 1760. *A Paris, chez Ballard,* in-18, mar. rouge, fil. et large dent., dos orné, gardes de tabis bleu, tr. dor. (*Rel. anc.*)

Jolie petite reliure ornée d'une large dentelle à petits fers et aux armes de Louise-Honorine Crozat du Châtel, duchesse de **Choiseul-Stainville**.

Ce petit livre contient 1 frontispice, 1 titre gravé et 26 cartes coloriées.

90. Saint Grégoire. Les Morales de Saint Grégoire pape, sur le livre de Job. Divisées en XXXV livres, compris en VI parties. Traduites en françois (par le duc de Luynes). *A Paris, chez Pierre Le Petit,* 1666-1669, 3 vol. in-4°, front. gravé, mar. rouge, comp. de fil., chiffre aux angles répété au dos des vol., dent. int., tr. dor. (*Rel. anc.*)

Bel exemplaire aux armes de **J. B. Colbert** avec son chiffre, en lettres redoublées, sur les plats et le dos des reliures.

91. Étrennes chronométriques, ou calendrier pour l'année bissextile, 1760, contenant ce qu'on sçait de plus intéressant sur la division et la mesure du temps par M. Le Roy l'aîné, horloger du Roi, de l'Académie royale d'Angers. *Paris, l'auteur, Desaint et Saillant, Prault, Nyon,* etc., 1760, in-18, mar. vert, fil. et fleurons, dos orné, dent. int., tr. dor. (*Rel. anc.*)

Frontispice de *Gravelot* représentant un projet pour rendre

utile la colonne de l'Hôtel de Soissons en la faisant servir de
cadran solaire.

Aux armes de Charles-Jacques **Collin**, exécuteur testamen-
taire de Mme de Pompadour, contrôleur de l'Ordre de Saint-
Louis et trésorier-général de la Vénerie de France.

92. Mallement de Messange. L'Ouvrage de la Créa-
tion. Traité physique du monde. Nouveau systhème.
Raisonnemens différens de ceux des anciens et des
nouveaux philosophes. *A Paris, chez la Vve Claude
Thiboust,* 1679, in-12, front. gravé, mar. rouge,
fil., fleurons aux angles, dos orné, dent. int., tr.
dor. (*Rel. anc.*)

Aux armes du marquis de **Dangeau**, auteur du *Journal
historique de la cour de Louis XIV.*

93. Deschamps (abbé). Cours élémentaire d'éducation
des sourds et muets, par M. l'abbé Deschamps,
chapelain de l'église d'Orléans, suivi d'une dissertation sur la parole, traduite du latin de Jean-Conrad
Amman, médecin d'Amsterdam. *A Paris, chez les
frères de Bure,* 1779, in-12, 6 pl., mar. rouge, fil.,
fleurons aux angles, dos orné, gardes de tabis bleu,
tr. dor. (*Rel. anc.*)

Aux armes de Emmanuel-Félicité de **Durfort**, duc de **Duras**,
maréchal de France.

94. Discours de l'esprit, de la conversation, des agré-
mens de la justesse, ou critique de Voiture par le
Chevalier de Méré avec les conversations du même
Chevalier et du Maréchal de Clérambault. Nouvelle
édition, exacte et complète. *Amsterdam, Pierre Mor-*

tier, 1687, pet. in-12, veau fauve, fil., tr. dor.
(*Rel. anc.*)

Exemplaire aux armes de **Durfort** duc de **Duras,** pair de France.

95. FLAVIUS JOSEPH. Histoire des Juifs, écrite par Flavius Joseph, sous le titre des Antiquitez iudaï-ques, traduites sur l'original grec, revue sur divers manuscrits par Monsieur Arnauld d'Andilly. *A Paris, chez Pierre Le Petit*, 1668, 5 vol. in-12, mar. vert, fil., pièces d'armoiries au dos, dent. int., tr. dor. (*Rel. anc.*)

Aux armes de Guy-Crescent **Fagon**, médecin de Louis XIV.

96. GRAMONT (Duc de). Mémoires du maréchal de Gramont, duc et pair de France, Commandeur des ordres du Roi, Gouverneur de Navarre et de Béarn. Donnez au public par le Duc de Gramont son fils. *Amsterdam, aux dépens de la Compagnie*, 1717. 2 vol. in-12, portrait par B. Picart, veau fauve, dos orné, tr. rouges (*Rel. anc.*)

Sur le dos de la reliure se trouve l'écureuil de **Fouquet-Belle-Isle.**

97. PICHON (l'abbé). Traité historique et critique de la nature de Dieu. *A Paris, chez J.-B. Garnier,* 1758, in-12, mar. rouge, fil., fleurons aux angles, 'dos fleurdelisé, dent. int., tr. dor. (*Rel. anc.*)

Aux armes de Charles-Louis **Froulay de Tessé**, évêque du **Mans.**

No 98. **Président Hénault.** *Abrégé de l'histoire d'Espagne.*
Exemplaire de l'auteur.

98. Abrégé chronologique de l'histoire d'Espagne et de Portugal, divisé en huit périodes (par le Président Hénault, Lacombe et Macquer). *A Paris, chez J.-T. Hérissant,* 1765, 2 vol. pet. in-8°, mar, rouge, large dent. à petits fers, dent., int. tr. dor. (*Rel. anc.*)

Riche reliure aux armes du Président **Hénault**; elle est de la plus grande fraîcheur.

99. Nouvelles maximes, sentences et réflexions morales et politiques (par l'abbé de Vernage). *Paris, Delespine,* 1702, pet. in-12, veau fauve, tr. rouges (*Rel. anc.*)

Exemplaire, fatigué, aux armes du comte d'**Hoym**. Il renferme quelques corrections et une maxime, écrite sur un feuillet, entre les pages 42 et 43, qui sont sans doute autographes de l'auteur.

100. Jort (de). Dissertation sur le droit de régale, par M. de Jort, in-4° de 7 ff. pour la table et 188 pag., mar. rouge, fil., dos orné, tr. dor. (*Rel. anc.*)

Manuscrit du xviiie siècle, écrit avec soin et orné d'initiales et de culs-de-lampe dessinés à la plume. Il provient de la bibliothèque de M. Monmerqué.

Sur le titre, qui est entouré d'un encadrement de fleurs à l'aquarelle, se trouvent les armes de l'auteur.

101. Sablé (Marquise de). Maximes de madame la marquise de Sablé, et pensées diverses par M. L. D. (l'abbé d'Ailly, chanoine de Lisieux). *A La Haye*

chez Pierre Hagen, 1679, pet. in-12, mar. rouge, fil., dos orné, dent. int., tr. dor. (*Amand.*)

Aux armes du comte de **Lagondie**.

102. Ribaud de la Chapelle. Dissertations sur l'origine des Francs; sur l'établissement et les premiers progrès de la monarchie française dans les Gaules, etc., avec une histoire abrégée des rois de France en vers (par Ribaud de la Chapelle) *A Paris, chez Chaubert*, 1748, in-12, mar. rouge, fil. et large dent., dos orné, dent. int., tr. dor. (*Rel. anc.*)

Aux armes de Frédéric-Jérôme Roye de **La Rochefoucauld**, archevêque de Bourges.
Reliure ornée d'une jolie dentelle Louis XV.

103. Recueil de pièces en prose et en vers latins, adressées, la plupart, à M. Ant. le Clerc de Juigné, archevêque de Paris, par les élèves du collège de Navarre, en 1783. Manuscrit in-4°, mar. rouge, large dent., dos orné, dent. int., tr. dor. (*Rel. anc.*)

Aux armes de Ant. Le Clerc de **Juigné**, archevêque de Paris sur un des plats de la reliure; sur l'autre plat se trouve le chiffre du collège de Navarre en lettres fleuronnées, surmontées d'une petite couronne de fleurs.
Manuscrit d'environ 40 pp. Chaque pièce est écrite et signée par son auteur. Mgr de Juigné avait été élève au collège de Navarre.
Jolie reliure dont la dentelle est ornée de pièces d'armoiries.

104. Velleius Paterculus (M.), cum notis Gerardi Vossii, G. F. *Amstelodami, ex officina Elzeviriana*, 1664, pet. in-12, mar. rouge, dent. et guirlandes

No 108. J. Magnassii *disquisitiones physicæ*.
Exemplaire du maréchal de Villeroy.

aux angles, dos orné, dent. int., doublé de moire bleue, tr. dor. (*Rel. anc.*)

Aux armes de **Le Normand d'Étioles,** mari de la marquise de Pompadour.

105. Cousin. Discours de Clément Alexandrin pour exhorter les payens à embrasser la religion chrétienne. *A Paris, Guillaume de Luyne,* 1684, in-12, mar. rouge, fil., dos orné, dent. int., tr. dor. (*Rel. anc.*)

Aux armes de Michel **Le Tellier,** avec les insignes de chancelier. Les angles et le dos de la reliure sont ornés des pièces des armoiries de Le Tellier.

A l'intérieur du volume se trouve l'ex-libris de Barnabé Turgot, évêque de Séez.

106. Crébillon fils. Lettres de la Marquise de M*** au Comte de R*** (par Crébillon fils). *Paris,* 1732-1739, 2 vol. pet. in-12, veau fauve, tr. rouges.

Exemplaire aux armes de Henriette-Eugénie Bethizy de Mézières, princesse de **Ligne.**

107. Breve parisiense, pro anno Domini 1787, pascha occurente 8 aprilis. *Parisiis, apud viduam Hérissant,* 1787, in-12, mar. rouge, fil., dent. à petits fers, dos orné, dent. int., tr. dor. (*Rel. anc.*)

Aux armes de Gabriel-François **Moreau de Séchelles,** évêque de Vence.

108. Magnassii (Josephi) disquisitiones physicae de Motu cordis et cerebri. *Parisiis, e typographia Edmundi Martini,* 1663, in-4, mar. rouge, fil. et dent.,

chiffre aux angles répété au dos, dent. int., tr. dor. (*Rel. anc.*)

Exemplaire de dédicace aux armes et au chiffre de François de **Neufville**, duc de **Villeroi**, maréchal de France.

Les armes sont comprises dans un grand médaillon de feuillage avec l'emblème du Saint-Esprit dans le haut, et le chiffre des angles est couronné et entouré de grandes palmes.

109. RELIURE ANCIENNE in-fol., mar. rouge, fil. et large dent. à petits fers, dos orné, dent. int.

Belle reliure aux armes de **Noailles-Beauvau**, pouvant être transformée en buvard.

110. DESCRIPTION des festes données par la Ville de Paris, à l'occasion du mariage de Madame Louise Élisabeth de France, et de Dom Philippe, Infant et grand Amiral d'Espagne, les vingt-neuvième et trentième août, mil sept cent trente neuf. *A Paris, de l'Imprimerie de P. G. Le Mercier*, 1740, gr. in-fol., mar. rouge, pet. dent. fleurdelisée, fleurs de lis aux angles, dos fleurdelisé, dent. int., tr. dor. (*Rel. anc.*)

Aux armes de la **Ville de Paris**. Titre orné d'une vignette par *Bouchardon*, gravée par *Soubeyran*, 13 planches dont 8 doubles, dessinées et gravées par *Blondel*, 22 pp. de texte avec une vignette dessinée et gravée par *Rigaud*.

111. LARIVEY. Les six premières comédies facécieuses de Pierre de Larivey champenois, à l'imitation des anciens grecs, latins et modernes italiens à savoir le Laquais, la Vefve, les Esprits, le Morfondu, le Jaloux, les Escolliers. *Paris, Abel l'Angelier*, 1 tome en

N° 112. Cardinal de Polignac. *L'Anti-Lucrèce*.
Exemplaire de Madame de Pompadour.

2 vol. petit in-12, veau marb., fil., dos orné. (*Rel.
anc.*)

Exemplaire aux armes de Madame de **Pompadour.**
Les feuillets Dv à Dviii des *Escolliers* sont manuscrits.

112. POLIGNAC (de). L'Anti-Lucrèce, poëme sur la
Religion naturelle, composé par M. le cardinal de Polignac, traduit par M. de Bougainville. *Paris, Hippolyte-Louis Guérin et J. Guérin*, 1749, 2 vol. in-8°,
portrait par J. Daullé d'après H. Rigaud, vignettes
et culs-de-lampe par Eisen (*Rel. anc.*), mar. rouge,
dent., dos orné, dent. int., tr. dor.

Bel exemplaire aux armes de Madame de **Pompadour.**

113. Arnauld d'Andilly. Histoire de l'Ancien Testament, tirée de l'Écriture Sainte. *A Paris, chez Pierre
Le Petit*, 1675, in-fol., figures, mar. rouge, comp. de
fil., fleurons aux angles, dos orné, dent. int., tr.
dor. (*Rel. anc.*)

Exemplaire aux armes du marquis de **Pomponne**, fils de
l'auteur et avec sa signature autographe sur le titre.

114. Divers morceaux de danse (Gavotte, courante, alle-
mande, sarabande, menuet, etc.), avec notation pour
le luth, par Hurel, en 1 vol. in-4° oblong, manuscrit
mar. rouge, comp. de fil., chiffre aux angles avec
palmes, tête d'ange et couronne, dos orné de cœurs
transpercés d'une flèche, dent. int., tr. dor. (*Rel. anc.*)

Curieuse et très jolie reliure aux armes de Marie **Du Port de
La Balme** avec cette inscription, en lettres d'or, sur les plats :
Je suis à Mademoiselle Marie Du Port de La Balme.
L'une des gavottes est dédiée à Mlle de Lionne.

115. **Hermant**. Histoire des religions, ou ordres militaires de l'Église et des ordres de chevalerie, dédiée au Roy. *Rouen, J. B. Besongne*, 1725, 2 vol. in-12, fig. dans le texte, veau fauve, fil., dos orné avec pièces de mar., tr. roug. (*Rel. anc.*)

Exemplaire aux armes de **Prondre de Guermante**.

116. **La Fare**. Mémoires et réflexions sur les principaux événemens du règne de Louis XIV, et sur le caractère de ceux qui y ont eu la principale part, par M. L. M. D. L. F. (le marquis de la Fare). *Amsterdam, chez J. F. Bernard*, 1755, pet. in-12, mar. rouge, fil., dos orné, tr. dor. (*Rel. anc.*)

Avec le nom **Racine Demonville** sur un des plats.
Petites taches.

117. **Desmarets**. Jésus-Christ, poème. Maximes chrétiennes tirées de l'Imitation. Prières chrétiennes. *A la Sphère*, 1679, pet. in-12, mar. rouge, fil., dos orné de fil., tr. dor. (*Rel. anc.*)

La reliure est ornée, au milieu, du grand chiffre d'Armand de **Richelieu**, père du maréchal. Le même chiffre, au simple trait, est répété quatre fois aux angles des plats de la reliure.

118. **Senault** (Elisabeth). Heures nouvelles, dédiées à Monseigneur le Dauphin. Ecrites et gravées par Elisabeth Senault. *A Paris, chez De Hansy, s. d.*, in-16, mar. vert, large dent., dos orné, dent. int., gardes de tabis rose, tr. dor. (*Rel. anc.*)

Reliure ornée d'une jolie dentelle à petits fers avec mains croisées et cœurs. Au milieu des plats, chiffre formé des lettres

fleuronnées, M. B. et, à l'intérieur du volume, en lettres d'or :
Mlle Marie-Thérèse **Simoneau**.

119. Recueil des règlemens, tarifs et instructions ré-
servez, par édit des mois d'aoust 1716, janvier et
novembre 1717. Lesquels doivent être perçus en
toutes les cours, sièges et jurisdictions du royaume,
par M. le M***, directeur général. *A Paris, chez la
Vve Saugrain et Pierre Prault*, 1723, 3 part. en
1 vol. in-4°, mar. rouge, dent., dos orné, dent. int.,
tr. dor. (*Rel. anc.*)

Aux armes de Gabriel **Tachereau de Baudry**, intendant des
finances.

La dentelle des plats est assez curieuse, elle est formée d'un
grand encadrement de petits fers parmi lesquels se trouvent les
diverses pièces des armoiries de Tachereau de Baudry.

120. Sionita (G.) et Hesronita (J.). Grammatica ara-
bica maronitarum in libros quinque divisa …Nunc
primum in lucem edita, munificentia illustriss. D.
D. Francisci Savary de Brèves. *Lutetiæ, ex typographia savariana, excudebat Hieronymus Blageart*, 1616,
in-4°, réglé, mar. vert. fil. et comp. de dent. à petits fers, dos orné, tr. dor. (*Rel. anc.*)

Exemplaire de dédicace imprimé sur grand papier et aux
troisièmes armes de **J. A. De Thou**.
De la bibliothèque A. Firmin-Didot.

121. Catechismus, ex decreto Concilii Tridentini, ad
parochos, Pii Qvinti Pont. Max. iussu editus.
Parisiis, in ædibus Jacobi Keruer, 1568, in-8, réglé,
mar. vert, fil. et large dent. formée de feuillages à

petits fers, grand milieu également à petits fers, dos
plat orné, tr. dor. (*Rel. anc.*)

Jolie reliure, très fraîche, aux armes de Nicolas de **Villars**,
évêque d'Agen, mort en 1608.

122. Crébillon. OEuvres. Nouvelle édition, corrigée,
revue et augmentée de la vie de l'auteur. *Paris,
Libraires Associés*, 1772, 3 vol. pet. in-12, mar.
rouge, dent., dos orné, dent. int., tr. dor. (*Rel. anc.*)

Aux armes du marquis de **Villeneuve de Bargemont**, ajou-
tées sur les reliures.

123. Malherbe. Poésies, rangées par ordre chronologique, avec la vie de l'auteur et de courtes notes,
par A. G. M. Q. (Meusnier de Querlon). Nouvelle
édition, revue et corrigée avec soin. *Paris, J. Barbou,* 1776, pet. in-8°, papier de Hollande, portrait
gravé par Cathelin, mar. bleu, à longs grains, fil.,
dos orné or et à froid., dent. int., tr. dor.

Exemplaire aux armes du marquis **Villeneuve de Bargemont.**

124. Dutens. Des Pierres précieuses et des pierres
fines, avec les moyens de les connaître et de les
évaluer. *Paris, F. A. Didot,* 1776, in-18, cuir de
Russie, fil., dos orné, tr. dor.

Aux armes du marquis de **Villeneuve de Bargemont.**

125. Gresset. OEuvres. Nouvelle édition, augmentée
de pièces inédites et ornée de figures en taille-douce.
A Paris, chez Bluet jeune, an XI (1803), 3 vol.

in-18, veau vert, fil., dos orné, dent. int., tr. dor.
(*Rel. anc.*)

Aux armes du marquis de **Villeneuve de Bargemont**.
Portrait de Gresset, gravé par *Saint-Aubin* et 5 figures d'après
Moreau le jeune, gravées par *Simonet*.

LIVRES

DANS TOUS LES GENRES

126. Adieux (Les) de Marie-Thérèse-Charlotte de Bourbon ; almanach pour l'année 1796, contenant une vie de Marie-Thérèse-Charlotte de Bourbon, fille de Louis XVI ; un recueil de romances, de chansons, d'idylles, d'allégories ; des anecdotes sur le Temple, avec la description de cette prison ; l'histoire des négociations pour l'échange de l'illustre prisonnière, et le récit de son départ, par M. d'Albins. *A Basle, chez Tournesen,* 1796, in-18, portrait, veau bleu, fil., fleurs de lis aux angles, dos orné et fleurdelisé, dent. int., tr. dor. (*Petit.*)

127. Alciati (Andreae), J. V. doctoris clarissimi emblemata, postremo ac ultimo ab ipso authore recognita, imaginibusq. ; vivis ac lepidis denuo artificiosissime illustrata. Adjecta sunt epimythia seu affabulationes. *Francofurti ad Moenium,* 1567, pet.

in-8°, figures d'emblèmes par Virg. Solis, gravées
sur bois, mar. brun, comp. de fil. et de fers à froid,
dos orné, fil. int., tr. dor. et cisel. (*Petit.*)

Cet exemplaire a servi d'*album amicorum* à Jean Louis de
Glaubourg, il est orné de 3o blasons dessinés et peints à la
main, de signatures et de dédicaces, en latin, d'amis ou d'élè-
ves, de J. L. de Glaubourg, parmi lesquels nous citerons :
L. Engelhart, Th. Georges Berk, Rheinardt de Wendt, Jean
Pflugk, Georges Philippe de Berlichingen, Charles Hornick,
Godefroy Schiling, Jean Schoer de Schwartz, Conrad Ehrer,
Nicolas Othman, etc.

128. ALMANACH DE VERSAILLES, année 1783. Contenant la description du château, du parc, des jardins
et de la ville de Versailles... *A Versailles, chez Blai-
zot,* 1783, in-18, mar. rouge, fil., dos orné, tr. dor.
(*Rel. anc.*)

129. AMOURS de Louise-Marie-Thérèse-Mathurine
d'Orléans, duchesse de Bourbon. Suivis de ses
aventures et de ses correspondances galantes. *Imprimerie de la Volupté, au château des délices,* 1790,
in-18 de 86 pages, portrait, demi-mar. rouge, tête
dor., non rogné.

13o. ANECDOTES SECRETTES pour servir à l'histoire
galante de la Cour de Pékin (France). *A Pékin
(Paris),* 1746, 2 parties en 1 vol. in-12, mar. rouge,
dent. à petits fers, dos orné, dent. int., tr. dor.
(*Rel. anc.*)

Bel exemplaire dans une reliure de Padeloup, portant son
étiquette sur le titre. Au milieu des plats les lettres R V entre-
lacées.

On a souvent confondu cet ouvrage avec « Les mémoires
secrets pour servir à l'Histoire de Perse ». Mais c'est une
erreur, ils diffèrent entièrement.

131. ARNAULD (L'abbé). Mémoires contenant quelques
anecdotes de la Cour de France depuis 1634 jusqu'à
1675. *A Amsterdam, chez Jean Néaulme*, 1756,
3 vol. in-12, mar. rouge, fil., dos orné, dent. int.,
tr. dor. (*Belz-Niedrée.*)

Ces mémoires sont ceux de Robert Arnauld d'Andilly, père
du marquis de Pomponne, ministre de Louis XIV.

Bel exemplaire qui semble être imprimé sur GRAND PAPIER.

132. AUDIGER. La Maison réglée et l'art de diriger la
maison d'un grand seigneur et autres, tant à la ville
qu'à la campagne et le devoir de tous les officiers et
autres domestiques en général. Avec la véritable
méthode de faire toutes sortes d'essences, d'eaux
et de liqueurs fortes et rafraichissantes à la mode
d'Italie (par Audiger). *A Amsterdam chez Paul
Marret*, 1697, in-12, 1 frontispice gravé et 5 planches,
mar., La Val., fil, dos orné, dent. int., tr. dor.
(*Petit.*)

133. ATLAS NOVUS CŒLESTIS in quo mundus spectabilis,
et in eodem tam errantium quam inerrantium stel-
larum phœnomena notabilia circa ipsarum lumen,
figuram, faciem, motum, eclipses, occultationes,
transitus, magnitudines, distantias, aliaque secun-
dum Nic. Copernici et ex parte Tychonis de Brahe...
e celeberrimorum astronomorum observationibus
graphice descripta exhibentur a Joh. Gabriele

Doppelmaiers... *Norimbergae sumptibus Heredum Hommaniorum*, 1742, gr. in-fol., mar. rouge, large dent., petites fleurs de lis aux angles, dos orné, tr. dor. (*Rel. anc.*)

Frontispice, 3o cartes célestes gravées et coloriées; deux de ces planches sont ornées, aux angles ,de quatre vues d'observatoires parmi lesquelles deux de l'observatoire de Paris.

134. AVANTURES (Les) divertissantes du duc de Roquelaure, suivant les mémoires que l'auteur a trouvés dans le cabinet du maréchal d'H... par le S. L. R... *A Versailles*, 1784, in-18, mar. vert, fil., dos orné, dent. int., tr. dor. (*Lortic.*)

45

Édition ornée de 12 curieuses figures gravées à l'eau-forte.

135. BAILLARD. Discovrs dv Tabac, ov il est **traité** particulièrement du tabac en poudre. *A Paris, de l'imprimerie de Martin le Prest*, 1668, pet. in-8°, mar. rouge, fil., dos orné, dent. int., tr. dor. (*Hardy-Mennil.*)

40

136. BASAN. Cabinet Choiseul. Recueil d'estampes gravées d'après les tableaux du cabinet de Mgr. le duc de Choiseul. *Par les soins du sieur Basan, Paris,* 1771, in-4, mar. rouge, comp. de fil. droits et courbes, entrelacés, titre sur les plats, dos orné, dent. int., tr. dor. (*Chambolle-Duru.*)

199

Titre par *Choffard*, une dédicace gravée, portrait du duc de Choiseul, 12 pp. de texte gravé et 128 planches.

137. BASAN. Cabinet Poullain. Collection de cent-vingt estampes, gravées d'après les tableaux et des-

201

sins qui composoient le cabinet de M. Poullain,
receveur général des Domaines du Roi, décédé en
1780. ...Cette suite a été exécutée sous la direction
du sieur Fr. Basan, graveur... Le sieur Moitte,
peintre, en avoit fait les dessins, d'après les tableaux,
avant la mort de ce célèbre amateur. *Se vend à Paris, chez Basan et Poignant,* 1781, in-4°, mar. bleu
à longs grains, fil., dos orné, fil. int., tr. dor.

Reliure anglaise avec le titre du livre sur le premier plat.

138. BASAN. Dictionnaire des graveurs anciens et
modernes, depuis l'origine de la gravure. *Paris,
l'auteur,* 1789, 2 vol. in-8, figures, veau fauve,
comp. de fil., fleurons aux angles, dent. int., tr.
dor. (*Rel. mod.*)

Exemplaire contenant la gravure du conte « Le Rossignol »,
par *B. Picart,* qui manque souvent.

139. BERNARD (P. J.). Œuvres ornées d'une gravure
d'après Prudhon. *Paris, Janet et Cotelle,* 1823,
in-8°, frontispice gravé par Roger, mar. rouge à
longs grains, comp. de fil. dor. et fleurons, dent. et
milieu à froid, dos orné, dent. int., tr. dor. (*Bibolet.*)

Reliure très fraîche.

140. BERTIN (Le Chevalier de). Œuvres, nouvelle
édition corrigée et augmentée. *Paris, Gattey,* 1791,
2 vol. in-18, 2 figures de Monnet, mar. vert., pet.
dent., tr. dor. (*Rel. anc.*)

141. BLEGNY (de). Le bon usage du thé, du caffé et
du chocolat pour la préservation et pour la guérison

des maladies. *A Paris, chez l'auteur,* 1687, in-12, mar. brun, fil., dos orné, dent. int., tr. dor. (*Petit.*)

Frontispice et 12 figures gravées sur cuivre.

142. BLIN DE SAINMORE. Lettre de la duchesse de La Vallière à Louis XIV. *A Londres, et se trouve à Paris, chez Le Jay,* 1772, in-8, mar. rouge, fil., dos orné, dent. int., tr. dor. (*Petit-Simier.*)

1 très jolie vignette et 1 cul-de-lampe.
Cette lettre, en vers, est précédée d'un abrégé de la vie de la duchesse de La Vallière.

143. BOCCACE. Contes de Boccace; traduction nouvelle augmentée de divers contes et nouvelles en vers imités de ce poète célèbre, par La Fontaine, Passerat, Vergier, Perrault, Dorat et autres, et enrichie de notes historiques... par A. Sabatier de Castres. *A Paris, chez Poncelin,* an X-1801, 11 vol. in-18, demi-rel. veau rouge, dos orné à froid, tr. jasp.

Figures par *Gravelot,* gravées par *Cochin, Delvaux, de Monchy,* etc., etc.

144. BOILEAU. OEuvres diverses du sieur Boileau-Despréaux avec le Traité du sublime ou du merveilleux dans le Discours traduit du grec de Longin. Nouvelle édition, revue et augmentée. *Paris, Denys Thierry,* 1701, 2 part. en 1 vol. in-4°, frontispice par Landry et fig. de Chauveau, mar. rouge, comp. de fil. à la Du Seuil, dos orné, dent. int., tr. dor. (*David.*)

Édition favorite à laquelle on a joint un portrait de Boileau gravé à la manière noire par *Bouys.*

145. Bouhours (le P.). La Manière de bien penser, dans les ouvrages d'esprit, dialogues (par le P. Bouhours). *Suivant la copie, à Amsterdam, chez Abraham Wolfgang*, 1688, pet. in-12, mar. rouge, fil., dos orné, dent. int., tr. dor. (*Hardy*.)

146. Boulainvilliers (Le comte de). Mémoires présentez à Monseigneur le duc d'Orléans, régent de France, contenant les moyens de rendre ce royaume très puissant, et d'augmenter considérablement les revenus du Roi et du peuple. *La Haye et Amsterdam, aux dépens de la Compagnie*, 1727, 2 tomes en 1 vol. in-12, veau fauve, fil. et pet. dent., dos orné, pet. dent. int., tr. marb. (*Thouvenin*.)

147. Breviarium Carnotense illustr. et reverend... D. D. Joannis-Baptistæ-Josephi de Lubersac, episcopi Carnotensis, primi serenissimæ D. D. Sophiæ de France Eleemosynarii, etc. autoritate ac venerabilis ejusdem Ecclesiæ capituli consensu editum. *Carnuti, Michael Deshayes, Parisiis. typis Cl. Simon*, 1783, 4 vol. in-12, mar. rouge, fil., large dent. à petits fers, dos orné, dent. int., tr. dor. (*Rel. anc.*)

Reliure de Derome.

148. Breviarium monasticum ordinis sancti Benedicti, ad usum congregationis Sancti Mauri in Gallia. *Parisiis, J. B. Coignard*, 1736, 3 vol. pet. in-12, front. gravé, mar. rouge, fil. et large dent. à petits fers, dos orné, dent. int., tr. dor. (*Rel. anc.*)

No 149. *Breviarium Parisiense.*

149. **BREVIARIUM PARISIENSE.** *Parisiis, apud Muguet,* 1714, 4 vol. in-8°, fig. en taille-douce gravées par Thomassin, mar. de diverses couleurs, dent., milieux et dos mosaïqués, tr. dor., gardes de papier doré. (*Rel. du temps.*)

Bréviaire publié sous l'autorité du cardinal duc de Noailles, archevêque de Paris.

Charmante reliure en mosaïque de couleurs différentes pour chaque volume.

150. **Bussy-Rabutin.** Histoire en abrégé de Louis le Grand, quatorzième du nom, roy de France, par le comte de Bussy-Rabutin, adressée à ses enfans. *A Paris, chez Florentin et Pierre Delaulne,* 1699, in-12, front. gravé, mar. rouge, jans., doublé de mar. rouge, dent., tr. dor. (*Rel. anc.*)

Portrait de Louis XIV, gravé par *Crespy.*

151. **Cadeau des muses,** étrennes utiles et agréables pour l'an XI (1802 et 1803). *A Falaise, chez Brée, Paris, Marcilly et Rouen, Lecrène-Labbey,* in-18, frontispice et cartes géographiques, gravés sur bois, mar. blanc, plats de mar. vert découpé, avec ornements en métal, argent, or et rouge, sous mica, milieu orné d'une petite gouache dans un médaillon de cuivre doré recouvert d'une petite glace, doublé de moire rose, avec glace et portefeuille (*Rel. anc.*)

Petite reliure bien conservée.

152. **Caesaris** (Caii Julii) quæ exstant. *Londini, typis J. Brindley.* 1744, 2 vol. pet. in-12, 2 cartes se

dépliant, mar. vert, dent. à petits fers, dos orné,
doublés de moire rouge, tr. dor. (*Rel. anc.*)

153. CAILLIÈRES (de). Du bon et du mauvais usage,
dans les manières de s'exprimer. Des façons de
parler bourgeoises. Et en quoy elles sont différentes
de celles de la Cour (par Fr. de Callières). *Suivant
la copie, à Paris, chez Claude Barbin,* 1694, in-18,
veau fauve, fil., dos orné, dent. int., tr. dor. (*H.
Duru.*)

Exemplaire d'Amb. Firmin-Didot.

154. CATÉCHISME à l'usage de toutes les Églises de
l'Empire français. *Paris, chez la veuve Nyon,* 1806,
in-12, veau fauve, fil., dos orné, dent. int., tr. dor.

Par décret du 4 avril signé de Napoléon Ier, ce catéchisme
fut le seul en usage dans toutes les églises de l'Empire.

155. CERVANTES. Histoire de l'admirable Don Qui-
chotte de la Manche, traduite de l'espagnol de Michel de Cervantes. Enrichie des belles figures dessinées de Coypel et gravées par Folkema et Fokke.
A Amsterdam et à Leipzig, Arkstée et Merkus, 1768,
6 vol. in-12, mar. rouge, fil., dos orné, dent. int.,
tr. dor. (*Rel. anc.*)

Faux-titre gravé, fleurons sur les titres, et 30 figures.
Le portrait de Cervantes manque.
Joli exemplaire relié par Derome.

156. CHARRON (Pierre). De la Sagesse. *A Leide, chez
Jean Elsevier, s. d.* (1659), pet. in-12, titre gravé,

mar. rouge, fil. et dent., dos orné, dent. int., tr.
dor. (*Rel. anc.*)

La plus recherchée des quatre éditions données par les Elzévir.

157. CLAQUOIR en mar. rouge, petit in-4° oblong, très
large dent. à petit fers, petits points, soleils et étoiles,
grand ostensoir doré au milieu des plats accompagné
de deux S, dos orné, larges dent. sur les bords inté-
rieurs.

132

Curieux bibelot ayant la forme d'un livre.

158. CLÉMENT (L'abbé). Exercices de l'âme pour se
disposer aux sacrements de pénitence et d'Eucharistie. *A Paris, chez Desaint*, 1769, in-12, mar. rouge,
fil., et large dent. à petits fers, dos orné, dent. int.,
tr. dor. (*Rel. anc.*)

78

Jolie reliure; de la bibliothèque de J.-J. de Bure l'aîné.

159. COLLETET (F.). Journal contenant la relation
véritable du voyage du Roy et de son Éminence,
pour le traitté du mariage de Sa Majesté, et de la
paix générale (par François Colletet). *A Paris, chez
Jean Baptiste Loyson*, 1659-1660, 6 parties en
1 vol. in-4°, mar. grenat à longs grains, comp. de
fil., tr. dor. (*Petit.*)

30

Barbier indique seulement 4 parties pour cet ouvrage. Cet
exemplaire en contient six avec un titre particulier pour cha-
cune.

160. CORAN (Le), pet. in-fol. de 240 ff. cuir brun
avec ornements et inscriptions en relief sur fond doré

160

doublé de cuir avec angles et milieu ornés de comp.
dorés et peints, étui. (*Rel. arabe du temps.*) .

Beau manuscrit arabe du milieu du xviii° siècle sur papier.
Les pages sont toutes enrichies d'ornements peints en bleu,
rouge et or. Les deux premières pages sont entièrement déco-
rées. Le texte est entouré d'un encadrement de filets bleu et
or.

Une note jointe à ce manuscrit nous apprend que ce texte
est divisé en chapitres et qu'il est écrit avec une grand exac-
titude grammaticale. Il a appartenu à la comtesse Menou,
femme du général, après la mort duquel il passa entre les
mains d'un aumônier du 1ᵉʳ régiment de Carabiniers, et de là
à M. Benjamin Marchand, de Metz, qui l'acquit en vente
publique en 1829.

161. CORNELIUS NEPOS. De vita excellentium Impera-
torum. *Parisiis, typis Barbou,* 1767, in-12, front.
gravé, mar. rouge, large dent., dos orné, dent.
int., gardes de tabis bleu, tr. dor. (*Rel. anc.*)

Jolie reliure de Derome, très fraîche, ornée d'une large
dentelle à petits fers.

162. CORNEILLE. Théâtre de Pierre Corneille avec des
commentaires (par Voltaire), etc., etc., etc. *S. l.*
(*Genève*), 1764, 12 vol. in-8°, veau fauve, fil., dos
ornés de fil., dent. int., tr. dor. (*Rel. anc.*)

Belle édition ornée d'un frontispice par *Pierre*, gravé par
Watelet et de 34 figures par *Gravelot*, gravées par *Bacquoy*,
Flipart, *Lemire*, etc.
PREMIER TIRAGE des figures.

163. CRÉBILLON FILS. Les Amours de Zeokinizul, roy
des Kofirans (Louis XV). Ouvrage trad. de l'arabe

du voyageur Krinelbol (Crébillon fils). *Amsterdam,*
1764, in-12, mar. rouge, fil., dos orné, dent. int.,
tr, dor. (*Rel. anc.*)

Exemplaire avec la clef des anagrammes contenus dans cette
histoire des amours de Louis XV.

164. DAUDET (Le Chevalier). Journal historique du
voyage de S. A. S. Mademoiselle de Clermont,
depuis Paris, jusqu'à Strasbourg ; du mariage du
Roy et du voyage de la Reine, depuis Strasbourg
jusqu'à Fontainebleau ; de l'entrevue des deux rois
et des deux reines au village de Bouron ; avec un recueil de plusieurs harangues, discours et ouvrages
de poésie qui se sont faits à cette occasion ; avec
l'état présent de la maison de la Reine. *A Châlons,
chez Claude Bouchard,* 1725, in-12, mar. rouge, fil.,
fleurons aux angles, dos orné, dent. int., tr. dor.
(*Rel. anc.*)

Livre intéressant, l'auteur a été témoin de tous les faits
qu'il raconte.

165. DESHOULIÈRES (Mad.). Poésies de Madame et de
Mademoiselle Deshoulières. Nouvelle édition augmentée de plusieurs ouvrages qui n'ont pas encore
paru. *A Brusselle, chez François Foppens,* 1708,
2 tomes en 1 vol. pet. in-8°, portraits et 2 vignettes
grav., veau fauve, tr. rouges. (*Rel. anc.*)

Le dos de la reliure est orné de l'écureuil de Fouquet-
Belle-Isle.

166. DESPORTES (Philippes). Les CL pseavmes de
David mis en vers françois, par Philippes Des

Portes, abbé de Thiron. *A Rouen, de l'Imprimerie de Raphaël du Petit Val,* 1611, in-12, titre gravé. mar. rouge, fil., dos orné, dent. int., tr. dor. (*Vve Niedrée.*)

Édition contenant à la fin : « Les Prières et méditations chrestiennes » et les « Poésies chrestiennes » par Philippes Desportes, *Rouen,* 1621.

Cachet de Saint-Nicaise, de Reims, sur le premier feuillet du texte.

136   167. DESORMEAUX. Histoire de la maison de Bourbon, *Paris, Imprimerie Royale,* 1772-1788, 5 vol. in-4°. veau écaille, fil., dos orné, tr. dor. (*Rel. anc.*)

Ouvrage orné d'un frontispice par *Boucher,* gravé par *Saint-Aubin,* dédicace et 5 fleurons sur les titres par *Choffard,* 14 portraits par *Fragonard, Lemonnier* et *Vincent,* gravés par *Gaucher* et *Miger,* 21 vignettes par *Moreau* et 21 culs-de-lampe par *Choffard.*

8   168. DIALOGUE sur les droits de la Reyne très-chrestienne. *A Paris, de l'Imprimerie d'Antoine Vitré,* 1667, in-12, 69 pp. mar. grenat, comp. de fil., dent. int., tr. dor. (*Petit.*)

Abrégé du « Traité des droits de la Reine » attribué à Antoine Bilain ou à Guy Joly.

80   169. ÉDIT D'UNION, règlemens et privilèges des secrétaires du Roy. *A Paris, Le Petit,* 1672, in-12, mar. vert, dent., dos et plats semés de fleurs de lis, dent. int., tr. dor. (*Rel. anc.*)

Ce volume est terminé par le *Rosle de Messieurs les Conseillers secrétaires du Roy, Maison, Couronne de France et de ses finances.*

170. ENTRÉE TRIOMPHANTE (L') de leurs Maiestez
Louis XIV, roy de France et de Navarre, et Marie-
Thérèse d'Austriche son espouse, dans la ville de
Paris, capitale de leur royaume, au retour de la
signature de la paix générale et de leur heureux
mariage. Enrichie de plusieurs figures, des harangues
et de diverses pièces considérables pour l'histoire.
Le tout exactement recueilly par l'ordre de Messieurs
de la ville (publiée par Jean Tronçon). *A Paris,
Pierre Le Petit,* 1662, in-fol., dos et coins, mar.
bleu, fil., dos fleurdelisé, tr. rouges (*R. Petit.*)

Exemplaire du premier tirage. Portraits de Louis XIV et de
Marie-Thérèse par *Jean Sauvé,* dédicace gravée, frontispice par
Chauveau et 22 planches de *Jean Marot, Flamen* et *Lepautre.*
— Les cinq planches de la Cavalcade ont été réunies en une
seule, et un morceau d'une planche a été réparé, mais sans
atteindre l'imprimé. L'exemplaire est fortement mouillé.

171. ENTRÉE DU ROY (Histoire de la triomphante) et
de la Reyne dans Paris, le 26 d'août 1660, avec la
représentation et l'explication des arcs triomphaux
qu'on y avoit eslevé et de toutes les autres magni-
ficences. *A Paris, chez Van Merlen,* 1665, in-fol.
dos et coins, mar. bleu, dos fleurdelisé, tête dor.
non rog.

Dédicace gravée — 2 ff. de texte gravés — et 22 planches
dont les 5 de la cavalcade par *Flamen, Jean Marot* et *Le Pautre.*
Le frontispice et le portrait manquent.

On a ajouté à cet exemplaire une planche : la *Marche des
cinq quadrilles du Carousel du Roy.*

172. ÉTAT GÉNÉRAL du service des diligences et messageries royales de France, contenant le détail de

l'administration…, les départs et arrivées des diligences et des voitures à journées réglées pour les principales villes du royaume, le nombre et le genre de voitures, etc., etc. *A Paris, Prault,* 1788, in-12, mar. rouge, fil., fleurons aux angles, dos orné, dent. int., tr. dor. (*Rel. anc.*)

Reliure fraîche. Ouvrage accompagné d'une grande carte gravée indiquant le service général des diligences et messageries en 1788.

173. Félibien. Description de la grotte de Versailles (par Félibien). *A Paris, Imprimerie royale,* 1679 , in-fol. demi-rel.

20 planches gravées par *Lepautre, Chauveau, Picard* et *Edelinck.*

174. Fleurimont (G. R.). Médailles du règne de Louis XV. *S. l. n. d.,* pet. in-fol., parchemin vert, tr. rouges. (*Rel. anc.*)

Texte gravé, front. et 78 planches de médailles.

175. Florian. OEuvres complètes. Nouvelle édition, *Paris, Ladrange et Furne,* 1829, 16 tom. en 9 vol. in-18, papier vélin, figures, demi-rel. mar. citron, fil., dos orné, tête dor., non rognés.

Édition ornée de 62 fig. (sur 80), d'après *Desenne* et *Moreau.*

176. Fontenelle. OEuvres. Tomes V et VI contenant les « Eloges Académiques ». *A Paris, au Palais, chez A. Brunet,* 1758, 2 vol. in-12, mar. rouge, fil., dos orné, dent. int., tr. dor. (*Rel. anc.*)

Volumes tomes 1 et 2.

177. Genet-Campan (Mme). Lettres de deux jeunes
amies. *A Paris, de l'imprimerie de Plassan,* 1811,
in-8°, veau vert, comp. de fil dor. et de dentelles à
froid, milieu à froid, dos orné, tr. dor. (*Ducastin.*)

Exemplaire de Virginie de Saint-Pierre, qui épousa le général de Gazan, il porte sur le faux-titre l'envoi suivant, autographe de l'auteur :

*A ma bonne Virginie, comme gage de souvenir d'amitié, ce 16
août 1812, jour de sa sortie d'Ecouen pour retourner auprès
des plus aimables et estimables parens.*

Reliure très fraîche.

178. Gerson (Johannis), sacre theologie professoris
cācellariique parisiensis opera. In fine tractatuum :
*Per me Johanne Koelhoeff de Lubeck, Colonie civem
accuratissime impresū ano gratie* 1483 (et 1484)
4 vol. in-fol. goth., vélin à rec. (*Rel. anc.*)

Première édition collective des œuvres de Gerson.

179. Gessner. Contes moraux et nouvelles idylles de
D. et Salomon Gessner. *A Zuric, chez l'auteur,*
1773, in-4°, mar. vert foncé, comp. de fil. et fleurons, dos orné, tr. dor. (*Lhuinte.*)

10 figures, vignettes et culs-de-lampe dessinés et gravés
par *Gessner.*

180. Gourville. Mémoires de Monsieur de Gourville,
contenant les affaires auxquelles il a été employé
par la Cour, depuis 1642, jusqu'en 1698. *Paris
Ganeau,* 1724, 2 vol. in-12, veau fauve, dos orné,
dent. sur les plats, dent. int., tr. dor. (*Simier.*)

Bel exemplaire relié sur brochure.

181. **Graffigny** (Mme). Lettres d'une Péruvienne. *A Peine, s. d.* (1747), pet. in-12, veau fauve, fil., dos orné, tr. dor. (*Petit-Simier.*)

Édition originale.

182. **Guerricus.** Thesaurus pietatis Marianæ, seu magnificentia augustissimæ matris Dei miris beneficiis per singulos anni dies diffusa. Authore P. Stephano Guerrico parisino, Societatis Jesu. Huic annexa sanctorum singulis anni diebus occurrentium series ex martyrologio romano, gallicano, belgico et menologio græcorum et ordinum religiosorum. *Parisiis, apud Gasparum Meturas,* 1648, in-12, mar. noir, comp. de fil. droits et courbes, dent., angles et milieu ornés à petits fers, dos orné, tr. dor., fermoirs. (*Rel. anc.*)

Reliure un peu fatiguée dont la décoration des plats rappelle celles des reliures au chiffre de Louis XIII et Anne d'Autriche.

183. **Heures** dédiées à la Reine. Nouvelle édition, augmentée de l'office des principales fêtes de l'année, précédée des testaments du Roi, de la Reine, d'un discours du Roi à Madame, d'un fac-simile, etc. *De l'imp. de Didot; à Paris, Langlumé et Peltier, s. d.,* pet. in-12, titre orné, frontispice, portraits en médaillon de la famille royale et facsimile d'écritures, mar. bleu, plats ornés d'une grande plaque à froid à la Cathédrale, fil. dor., dos orné, dent. int., tr. dor.

Reliure romantique fraîche.

184. Heures nouvelles, contenant l'ordinaire de la
Ste. Messe, les pseaumes de la Pénitence, les Vêpres
et Complies du dimanche. Ecrites par Montchaussé
en 1754, in-12, mar. vert., large dent. sur les
plats, dos orné, dent. int., doublé de tabis rose, tr.
dor. (*Rel. anc.*)

Très joli manuscrit calligraphié par Montchaussé en lettres
imitant l'impression, chaque page est encadrée d'une petite
bordure bleu et or. Le titre porte des armoiries qui sont
répétées sur les plats de la reliure.

185. Histoire des amours du Maréchal duc de Luxem-
bourg. *A Cologne, (Hollande), chez Pierre Batanar,*
1694, pet. in-12, front. gravé, mar. rouge à longs
grains, fil., dent. int., tr. dor.

186. Histoire des inaugurations des rois, empereurs,
et autres souverains de l'univers, depuis leur origine jusqu'à présent. Suivi de l'état des arts et des
sciences sous chaque règne : des principaux faits,
mœurs, coutumes et usages les plus remarquables
des François, depuis Pépin jusqu'à Louis XVI, par
M*** (Dom Ch. Joseph Bévy). *A Paris, chez Mou-
tard,* 1776, in-8°, veau rouge, fil. et dent., dos
orné, dent. int., tr. dor. (*Petit.*)

14 planches contenant 81 dessins de costumes, gravées par
Trière et *Ingouf.*

187. Histoire des ordres religieux de l'un et de
l'autre sexe; où l'on voit le temps de leur fonda-
tion, la vie en abrégé de leurs fondateurs, et les
figures de leurs habits gravées par Adrien Schoone-

beek. *A Amsterdam, chez A. Schoonebeek,* 1695,
2 parties en 1 vol. in-12, veau fauve, comp. de fil.,
dos orné, dent. int., tr. dor.

7 frontispices et 234 planches de costumes gravées.

188. Humières. La Philosophie d'amour, par le sieur
de Humières, premier gentilhomme de la chambre
du Roy. *A Paris, chez Antoine Vitray,* 1622, pet.
in-12, mar. rouge, fil. et large dent. à petits fers,
dos orné, dent. int., doublé de tabis bleu, tr. dor.
(*Rel. anc.*)

Jolie reliure avec chiffre sur les plats, formé des lettres
M. À. surmontées d'une couronne ducale.
Exemplaire de Méon, mouillé aux premiers feuillets.

189. Instructions chrétiennes et prières à Dieu sur
les épîtres et évangiles pour tous les dimanches de
l'année, composées par l'ordre de messeigneurs les
Évêques et comtes de Chalons, pairs de France. *A
Paris, chez André Pralard,* 1716, in-12, réglé, mar.
rouge, fil., dent. à petits fers, dos orné, dent. int.,
tr. dor. (*Rel. anc.*)

Livre illustré d'un frontispice et de 13 jolies figures gravés
en taille-douce, par *N. Tardieu.*

190. Journal des fêtes données à Marseille à l'occasion de l'arrivée de Monsieur frère du Roi. *A Marseille, chez Antoine Favet,* 1777, in-4°, mar. rouge,
fil. et large dent., dos orné, tr. dor. (*Rel. anc.*)

Aux armes de la Ville de Marseille. A la suite, se trouve
la copie manuscrite de 25 lettres de grands personnages, adres-

sées aux magistrats de Marseille, pour les remercier de l'envoi
de cette Relation.

191. JUSTINI ex Trogi Pompeii historiis externis
libri XXXXIIII. *Lugduni, apud Anton. Gryphium,*
1573, in-16, mar. rouge, plats entièrement couverts
de fil. droits et courbes entrel. et de fers azurés,
dos orné, tr. dor. (*Rel. anc.*)

Exemplaire placé dans une reliure italienne.

192. JVVENCI (C.), cœlii sedvlii, aratoris sacra poesis.
Lugduni, apud Joan. Tornaesivm et Gvil. Gazeivm,
1553, in-16 réglé, veau fauve, comp. de filets entrelacés à la Grolier, tr. ciselée et dor., armoiries.
(*Rel. du XVI⁰ siècle.*)

Joli spécimen de reliure lyonnaise, elle est très fraîche.

193. LACLOS (Choderlos de). Les Liaisons dangereuses
ou lettres recueillies dans une société pour l'instruc-
tion de quelques autres. *A Genève,* 1792, 4 vol.
in-18, cart. demi-toile, non rog.

8 figures de *Le Barbier,* gravées par *Delignon, Dambrun,
Simonet,* etc.

194. LA FONTAINE. Suite complète du frontispice,
du portrait d'Oudry et des 275 figures par Oudry,
pour les Fables de La Fontaine, 1755-1759, en
1 vol. in-fol., mar. rouge, fil. et dent., fleurons
aux angles, dos orné, tr. dor. (*Rel. anc.*)

Très bel exemplaire de cette suite, tirée sur PAPIER MOYEN
DE HOLLANDE, elle est en premier tirage avec la planche du
Singe et du Léopard avant l'inscription.

On y a ajouté un portrait de La Fontaine d'après *Rigault*, remonté, et un titre manuscrit calligraphié.

195. La Fontaine. Contes et nouvelles en vers. *S. l.,* 1777, 2 vol. in-8°, veau rouge, fil., dos ornés, dent. int., tr. dor. (*Petit.*)

Contrefaçon de l'édition dite des *Fermiers généraux*. Portrait de La Fontaine, 2 titres gravés, vignettes, culs-de-lampe et 80 figures d'après *Eisen*.

196. La Fontaine. Fables. Avec figures gravées par MM. Simon et Coiny. *Paris, Bossange, Masson et Besson, an IV* (1796), 6 vol. in-18, frontispice et 275 figures, mar. rouge à longs grains, fil. et dent., dos orné, dent. int., tr. dor. (*Rel. anc.*)

Exemplaire imprimé sur papier vélin.

197. La Harpe. Éloge de Nicolas de Catinat, maréchal de France. Discours qui a remporté le prix de l'Académie française en 1775. *Paris, Demonville,* 1775, 63 pag. — Guibert. Éloge du maréchal de Catinat (par Jacq.-Ant.-Hipp. de Guibert). *Edimbourg,* 1775, 88 pag. — Ens. 2 ouv. en 1 vol. in-8°, mar. rouge, fil., dos orné, tr. dor. (*Rel. anc.*)

198. La Rochefoucauld. Mémoires de M. D. L. R., sur les brigues à la mort de Louys XIII, les guerres de Paris et de Guyenne, et la prison des princes. *A Cologne, chez Pierre van Dyck,* 1664, pet. in-12, mar. olive, fil., dos orné, dent. int., tr. dor. (*Hardy-Mennil.*)

Aux armes du prince d'Essling.

N° 200. *Longi pastoralia de Daphnide et Chloe.*

Phototypie Berthaud, Paris

199. Le Rouge. Curiosités de Paris, de Versailles, de
Marly, Vincennes, Saint-Cloud et des environs.
Nouvelle édition augmentée de la description de
tous les nouveaux monumens, édifices et autres
curiosités, etc., par M. L. R. *A Paris, chez les Libraires associés*, 1778, 2 vol. in-12, veau fauve, fil.,
dos orné, non rog.

Bel exemplaire NON ROGNÉ; nombreuses planches d'après
Pérelle, Is. Silvestre, etc.

200. LONGI Pastoralium de Daphnide et Chloe libri
quatuor. Ex recensione et cum animadversionibus
Johan-Baptistae Casparis d'Ansse de Villoison. *Parisiis, excudebat Franc. Amb. Didot, sumptibus Guil.
de Bure*, 1778, 2 vol. in-4°, mar. rouge, fil., large
dent. à petits fers, dos orné, dent. int., tr. dor.
(*Rel. anc.*)

Exemplaire imprimé sur GRAND PAPIER, recouvert d'une
très belle reliure de Derome, avec larges dentelles à petits fers
parmi lesquels celui dit *à l'oiseau.*

201. Louis XV. Cours des principaux fleuves et rivières
de l'Europe composé et imprimé par Louis XV, roy
de France et de Navarre en 1718. *A Paris, dans
l'Imprimerie du Cabinet de S. M.*, 1718, in-8°,
72 pp., demi-rel. veau fauve, dos fleurdelisé.

202. Lucani (M. Annei) de Bello Civili libri decem.
Apud Seb. Gryphium, Lugduni, 1546, in-16, réglé,
veau fauve, riches comp. dorés, dos orné, tr. dor.
et ciselée (*Rel. du XVIᵉ siècle.*)

Reliure lyonnaise; légers raccommodages au dos. Exemplaire de Yémeniz.

203. Mancini-Nivernois. Fables de Mancini-Nivernois,
publiées par l'auteur. *A Paris, de l'Imp. de Didot
jeune*, 1796, 2 vol. in-18, portrait par Saint-Aubin,
veau fauve, fil. et dent., dos orné, dent. int., tr.
dor. (*Rel. anc.*)

204. Mariage de Louis XV. Relation des cérémonies
observées à l'occasion du mariage du Roy, *Metz*,
1725, 26 pp. — Relation de ce qui s'est passé à
Strasbourg, au sujet de la demande de la princesse
Marie, pour le Roy, par le duc d'Antin. *Metz*, 1725,
4 pp. — Nouvelle relation plus ample et plus exacte
de ce qui s'est passé à l'audience qu'a eue le duc
d'Antin, du Roy, de la Reine et de la princesse de
Pologne; avec les complimens et les réponses dans
leur ordre naturel. *Metz*, 1725, 7 pp. — Relation
de la cérémonie du mariage de la Reine, dans l'église
cathédrale de Strasbourg, le 15 aoust 1725, 4 pp. —
Vers présentez à la Reine par les deux princesses de
Holstein, 4 pag. — La France au Roy sur son mariage, 4 pag. — Sur le mariage du Roy, 4 pag. —
Ens. 7 pièces en 1 vol. in-4°, mar. rouge, fil., dos
orné, dent. int., tr. dor. (*Masson-Debonnelle.*)

Réunion de pièces sur le mariage de Louis XV dont les trois
dernières sont en vers.

205. Marguerite de Valois. Contes de Marguerite de
Valois, reine de Navarre. *Londres*, 1744, 2 vol.
pet. in-12, mar. rouge, fil. et pet. dent., dos orné,
dent. int., tr. dor. (*Rel. anc.*)

Un fleuron sur chaque titre et 2 vignettes têtes de page.

206. Marmontel. Contes moraux. *A Paris, chez Mer-lin,* 1775, 3 vol. in-8°, veau écaille, fil., dos orné, tr. marb. (*Rel. anc.*)

> 1 portrait par *Cochin,* 3 titres et 23 figures par *Gravelot,* gravées par *Baquoy, Legrand, Lemire,* etc.

207. Marmontel. Les Incas ou la destruction de l'Empire du Pérou. *A Paris, chez Lacombe,* 1777, 2 vol. in-8°, dos et coins mar. grenat, tr. dor.

> 1 frontispice et 10 jolies figures par *Moreau,* gravés par *Delaunay, Duclos, de Ghendt,* etc.

208. Marquis de Louvois (Le) sur la sellette, criminel examiné en jugement par l'Europe et ses filles, ses interrogats, ses réponses, et enfin la sentence portée par l'Europe. *A Cologne, chez Pierre Marteau,* 1695, pet. in-12, front. gravé, mar. orange, jans., dent. int., tr. dor. (*Thibaron.*)

> Satire en vers contre Louvois, Louis XIV et l'administration en France à cette époque.

209. Maximes morales et politiques tirées de Télémaque, sur la science des rois et le bonheur des peuples. Imprimées en 1766 par Louis-Auguste, dauphin (Louis XVI) pour la Cour seulement, et réimprimées avec quelques autres maximes de Mgr le Dauphin, père de Louis XVI, qui s'adressent également aux princes destinés à régner. *A Paris, chez Royez,* 1814, in-18, portrait, veau vert, fil. et pet. dent., dos orné, dent. int., tr. dor.

> Exemplaire imprimé sur papier rose.

210. **Mazarin** (Duch. de). Mémoires de Madame la Duchesse de Mazarin. *A Cologne (Hollande), chez Pierre Marteau, libraire renommé, s. d.*, pet. in-12, mar. vert à longs grains, fil., dos orné, dent. int., tr. dor.

211. **Mazarin** et **Louis XIV** (Pamphlets contre), 5 vol. pet. in-12, rel.

Testament du defunct cardinal Juli Mazarini, duc de Nivernois, etc., premier ministre du roy de France. *Jouxte la copie à Paris*, 1663, veau fauve. (*Rel. romant.*) — La cour de France turbanisée et les trahisons démasquées par Mons. L. B. D, E. D.'E. *Cologne, P. Marteau*, 1686, dos et coins veau fauve, fil., tête dor., non rogné. — Le Noble (P.). La Confession réciproque ou dialogues du temps, entre Louis XIV et le père de la Chaise son confesseur. *Cologne, Marteau*, 1694, 2 fig. (sur 4). (Rare.) — L'Alcoran de Louis XIV, ou le testament politique du cardinal Jules Mazarin, traduit de l'italien. *Roma, Maurino*, 1795, chag. vert. — Conseil privé de Louis le Grand, assemblé pour trouver le moyen par de nouveaux impôts de pouvoir continuer la guerre contre les hauts alliez. *Versailles*, 1696, frontisp., veau br.

212. **Mémoires de la Régence** de S. A. R. Mgr. le Duc d'Orléans, durant la minorité de Louis XV, roi de France (par le Chevalier de Piossens). *A La Haye, chez Jean Van Duren*, 1729, 3 vol. in-12, portraits mar. rouge, jans., dent. int., tr. dor. (*Hardy-Mennil.*)

Bel exemplaire.

213. **Mémoires** de Martin et Guillaume du Bellai-Langei, mis en un nouveau style : auxquels on a joint les Mémoires du Maréchal de Fleuranges qui

n'avoient point encore été publiés ; et le journal de Louise de Savoye : le tout accompagné de notes critiques et historiques, et de pièces justificatives pour servir à l'histoire du règne de François Ier ; par M. l'abbé Lambert. *A Paris, chez Nyon,* 1753, 7 vol. in-12, veau fauve, pet. dent., dos orné à la grotesque, dent. int., tr. dor. (*Rel. anc.*)

Bel exemplaire de ces intéressants mémoires. A l'intérieur de 5 volumes se trouve l'ex-libris du Chevalier de Fleurieu.

214. MÉMOIRES D'UN FAVORY de son Altesse Royalle, Monsieur le duc d'Orléans (de Bois d'Annemets ou d'Almay). *Leyde, chez Jean Sambix le jeune à la sphère,* 1670, pet. in-12, veau rouge, fil., dos orné, dent. int., tr. dor. (*Petit.*)

Mémoires curieux dans lesquels on trouve diverses accusations contre Arnauld d'Andilly.

215. MEUSNIER DE QUERLON. Les Soupers de Daphné et les dortoirs de Lacédémone. Anecdotes grecques ou fragments historiques publiés pour la première fois et traduits sur la version arabe imprimée à Constantinople l'an de l'Hégire 1110 et de notre ère 1731 (Par A.-G. Meusnier de Querlon). *Oxfort (Paris),* 1740, in-12, veau, comp. de fil., et fleurons aux angles, dos orné, dent. int., tr. dor.

Satire sur les soupers de Marly ou sur ceux que Samuel Bernard donnait à Passy. On y a joint une clef manuscrite.

216. MONCRIF. Essais sur la nécessité et sur les moyens de plaire. *Genève, Pellissari et Comp.,*

in-12, mar. gren. à longs grains, comp. de fil.,
dos orné, fil. int., tr. dor. (*Petit.*)

217. Montpensier (Mlle de). Mémoires de mademoiselle de Montpensier, fille de Gaston d'Orléans, frère
de Louis XIII. Nouvelle édition où l'on a rempli
les lacunes qui étoient dans les éditions précédentes, corrigé un très grand nombre de fautes, et
ajouté divers ouvrages de Mademoiselle, très curieux.
A Maestricht, chez J. Edme Dufour et Phil. Roux,
1776, 8 vol. in-12, mar. grenat, comp. de fil., dos
plat orné de filets, fil. int., tr. dor. (*R. Petit.*)

Dans cette édition on a ajouté : « Les amours de Mademoiselle et de Lauzun, la relation de l'île imaginaire, l'histoire
de la princesse de Paphlagonie, les divers portraits et une
table générale.

218. Montresor. Mémoires de Monsieur de Montré-
sor. Diverses pièces durant le ministère du cardinal
de Richelieu, relation de Monsieur de Fontrailles,
affaires de Messieurs le comte de Soissons, ducs de
Guise et de Bouillon, etc. *Cologne, Jean Sambix,*
1664-1665, 2 vol. pet. in-12, mar. rouge à longs
grains, encad. de fil., dos et angles ornés, dent. int.,
tr. dor.

Édition imprimée à Bruxelles, par François Foppens,

219. Necker. De l'Administration des finances de la
France. *S. l.*, 1784, 3 vol. in-8°, mar. vert, fil.,
dos orné, dent. int., tr. dor. (*Rel. anc.*)

Exemplaire imprimé sur PAPIER DE HOLLANDE.

220. Nouveau Testament (Le) de Notre-Seigneur
Jésus-Christ, traduit en françois selon l'édition Vul-
gate, avec les différences du grec. Nouvelle édition,
revue et exactement corrigée, avec des figures en
taille-douce, excellemment gravées. *A Mons, chez
Gaspard Migeot,* 1699, 2 vol. in-12, mar. rouge
à longs grains, fil., dent. int., tr. dor.

Édition ornée de nombreuses figures gravées sur cuivre.

221. Nouveau Testament (Le) en latin et en français,
traduit par Sacy. Édition ornée de figures gravées
sur les dessins de Moreau le jeune. *De l'Imp. de
Didot jeune. A Paris, chez Saugrain,* 1793-1798,
5 vol. gr. in-8°, veau marb., fil. et pet. dent., dos
ornés, dent. int., tr. dor. (*Rel. anc.*)

4 frontispices et 104 figures (au lieu de 108); il manque
2 figures au tome I, 1 au tome II et 1 au tome IV.

222. Nouvelles étrennes spirituelles dédiées à Monseigneur le Dauphin, contenant les vêpres de toute
l'année et les messes des principales fêtes, en latin
et en français, à l'usage de Paris et de Rome. Ornées
de figures et augmentées de prières et méditations
chrétiennes. *Paris, Louis-Guill. de Hansy,* 1769,
in-18, mar. rouge, dent., angles et milieux ornés
de fleurs mosaïquées de mar. vert, dos orné de
pièces de mar. vert, tr. dor. (*Rel. anc.*)

Petit volume orné d'un frontispice et de vignettes gravés
sur bois.

223. Nouvelles étrennes spirituelles dédiées à Monseigneur le Dauphin, contenant les Vêpres de toute

l'année et les Messes des principales fêtes, en latin
et en françois, à l'usage de Paris et de Rome.
Paris, de Hansy, 1778, in-18, mar. vert, large dent.
avec points, cœurs et croissants découpés dans le
mar., petit médaillon recouvert de mica contenant
un petit sujet doré représentant 2 cœurs sur un
autel, couronnés par 2 colombes, gardes de tabis
rouge, tr. dor. (*Rel. anc.*)

Frontispice et vignettes gravés sur bois.

224. Novum Jesu Christi Testamentum, Vulgatæ edi-
tionis. Sixti V. Pont. max. iussu recognitum, atque
editum. *Parisiis, e typographia regia,* 1649, 2 vol.
petit in-12, front. gravé, mar. rouge, comp. de fil.,
dent., milieux ornés d'une fleur de lis couronnée,
dos orné et fleurdelisé, dent. int., tr. dor. (*Rel. anc.*)

Reliures fatiguées.

225. Office divin abrégé, pour tous les tems de
l'année, à l'usage des personnes pieuses qui désirent
de s'unir aux prières générales qui se font dans
l'Église aux différentes heures du jour. *A Sens, chez
Hardouin Tarbé,* 1763, in-8, mar. vert, fil., dos
orné, dent. int., tr. dor. (*Rel. anc.*)

226. Pasquier (Estienne). Les Lettres d'Estienne Pasquier, conseiller et advocat général du Roy en la
Chambre des comptes de Paris. *En Avignon par Jacques Bramereau,* 1590, in-16, mar. rouge, chiffre répété aux angles et sur le dos, dent. int., tr. dor. (*Duru.*)

Exemplaire du comte Roger (du Nord).

227. PATAS. Sacre et couronnement de Louis XVI,
roi de France et de Navarre, à Rheims, le 11 juin
1775; précédé de recherches sur le sacre des Rois
de France, depuis Clovis jusqu'à Louis XV; et suivi
d'un journal historique de ce qui s'est passé à cette
auguste cérémonie; enrichi d'un très grand nombre
de figures en taille-douce, gravées par le sieur Patas,
avec leurs explications. *A Paris, chez Vente et chez
Patas*, 1775, in-8°, dos et coins mar. bleu, fil., tête
dor., non rog. (*Petit.*)

1 frontispice, 1 titre gravé, 14 vignettes, 48 figures et 1 plan
de Reims, reproductions des grandes planches du sacre de
Louis XV.

228. PÉRAU (l'abbé). Description historique de l'hôtel
Royal des Invalides, avec les plans, coupes, élévations géométrales de cet Édifice, et les peintures et
sculptures de l'Église, dessinées et gravées par le
sieur Cochin. *A Paris, chez Guillaume Desprez*, 1756,
in-fol,, dos et coins mar. bleu, dos orné de fleurs
de lis, tr. rouges. (*Petit.*)

108 planches gravées par *Cochin.*

229. PERCIER ET FONTAINE. Recueil de décorations in-
térieures, comprenant tout ce qui a rapport à
l'ameublement, comme vases, trépieds, candélabres,
cassolettes, lustres, girandoles, lampes, chandeliers,
cheminées, lits, fauteuils, chaises, miroirs, etc., etc.
A Paris, chez les Auteurs, 1812, in-fol., dos et coins
veau brun, tr. marb. (*Rel. anc.*)

72 planches d'un grand intérêt pour l'histoire de la décoration et de l'ornementation sous le Premier Empire.

230. Piron (Alexis). OEuvres complettes publiées par
M. Rigoley de Juvigny. *A Paris, de l'Imprimerie de
M. Lambert*, 1776, 7 vol. in-8°, portrait par Saint-
Aubin, veau fauve, pet. dent., dos orné, dent. int.,
tr. dor. (*Rel. anc.*)

Bel exemplaire.

231. Piton Tournefort. Éléments de botanique, ou
méthode pour connaître les plantes. *Paris, de l'Imprimerie royale*, 1694, 3 vol. gr. in-8°, dont 2 atlas,
mar. rouge à longs grains, comp. de fil., dos orné,
dent. int., tr. dor. (*Rel. anc.*)

3 frontispices et 451 planches gravés en taille-douce.

232. Phélippeaux. Mémoire contenant les intrigues
secrettes et malversions du duc de Savoye, avec les
rigueurs qu'il a exercées envers Monsieur Phélippeaux, ambassadeur de France auprès de luy à Tu-
rin (par Phélippeaux). *Basle*, 1705, in-12, mar.
rouge, chiffre au dos répété aux angles, dent. int.,
tr. dor. (*Trautz-Bauzonnet.*)

Joli exemplaire au chiffre du comte Roger (du Nord). « Il
(Phélippeaux) avait fait une relation, de ce qui s'était passé à
son égard depuis les premiers événemens de sa rupture, très
curieuse et bien écrite où il n'épargnait pas M. de Savoie ni sa
cour. Il en montra quelques copies qui furent fort recherchées
et qui méritent de l'être toujours. » — Mémoires du duc de
Saint-Simon.

233. Plans, profils et élevations (Les) des ville et
chasteau de Versailles, avec les bosquets et fontaines,
tels qu'ils sont à présent; levez sur les lieux, dessi-

nez et gravez en 1714 et 1715. — Les plans, coupes,
profils et élévations de la chappelle du chasteau
Royal de Versailles, levez et gravez par Pierre Le
Pautre. *A Paris, chez Demortain, s. d.,* in-fol., dos et
coins mar. bleu, tête dor., non rog.

Cet exemplaire renferme 45 planches gravées par *Aveline,
P. Ménant, Raymond, Scotin, Fonbonne, Blondel, Le Pautre,* etc.

234. RABELAIS. OEuvres de maître François Rabelais,
publiées sous le titre de Faits et dits du géant Gar-
gantua et de son fils Pantagruel avec la prognosti-
cation pantangruélique, l'épître du Limosin, la
crème philosophale,.. Nouvelle édition avec remarques historiques et critiques (par Le Duchat et La
Monnoye). *A Amsterdam, chez Henri Bordesius,* 1725,
6 tomes en 3 vol. in-12, mar. citron, fil., dos orné,
non rog. (*Hardy-Mennil.*)

1 front., 3 planches et 1 carte gravés.
Bel exemplaire NON ROGNÉ.

235. RECUEIL DE CHANSONS. 2 vol. in-16, mar. rouge,
dent. milieu orné, dos orné, dent. int. doublés de
moire bleue, tr. dor. (*Rel. anc.*)

Recueil manuscrit du XVIII⁰ siècle avec musique notée.
Reliure fraîche avec dentelle ornée de petits soleils aux
angles.

236. RECUEIL de 72 vues gravées par Perelle en 1 vol.
in-4⁰ veau fauve, fil., tr. dor.

Ce recueil renferme : 17 vues de Paris. — 5 vues de Versailles. — 10 vues du château de Fontainebleau dont 7 avant

la légende. — 29 vues de châteaux des environs de Paris et divers châteaux de France. — 11 vues d'Italie.

237. **Règles** générales et particulières pour toutes les âmes qui aspirent à la parfaite dévotion, par un religieux. *Paris, Sébastien Huré*, 1633, in-18, réglé, mar. rouge, fil. droits et courbes, dos et plats couverts d'ornements au pointillé, tr. dor. (*Rel. anc.*)

180

Petit volume provenant de la bibliothèque La Roche-Lacarelle, orné d'une reliure, genre Le Gascon.

238. **Regnault.** Histoire des sacres et couronnements de nos rois, faits à Reims, à commencer par Clovis jusqu'à Louis XV, avec le recueil du formulaire le plus moderne qui s'observe au sacre et couronnement des rois de France; contenant toutes les prières, cérémonies et oraisons, le tout tiré d'auteurs fidèles, par M. R. C. (Regnault, chanoine de Saint-Symphorien, de Reims). *Reims, Regnault Florentain et Fr. Godard*, 1722, 4 part. en 1 vol. in-12, mar. vert, dos fleurdelisé, dent. int.. tr. dor. (*Rel. anc.*)

130

Reliure ornée sur les plats de cinq grandes fleurs de lis.

La troisième partie (30 pages) contient un « Projet des cérémonies pour le sacre et couronnement de la reine Marie de Médicis, dressé par ordre du roi Henri IV, l'an 1610, peu avant sa mort pour servir de modèle dans la suite ».

239. **Relation** de la cérémonie du sacre et couronnement du Roy, faite en l'Église Métropolitaine de Reims le vingt-cinquième octobre mil sept cens vingt-deux. (A la fin) : *sur l'Imprimé à Paris au Bureau d'adresse. A Metz, de l'Imp. de Brice*

22

Antoine, 1722, 3 part. en 1 vol. in-4°, mar. rouge, fil., dos orné, dent. int., tr. dor. (*Masson-Debonnelle.*)

Extrait d'un journal de l'époque.

240. RELATION des cérémonies observées et des festes données à l'occasion du mariage de Madame (Louise Élisabeth de France) avec l'Infant d'Espagne. (A la fin) : *sur l'Imprimé à Paris au bureau d'adresse. A Metz, de l'Imprimerie de la V^{ue} Brice Antoine, s. d.* (1739), 6 pp. in-4°, mar. rouge, fil., dos orné, dent. int., tr. dor. (*Masson-Debonnelle.*)

Extrait d'un journal de l'époque.

241. RELATION des entrées solemnelles dans la ville de Lyon, de nos rois, reines, princes, princesses, cardinaux, légats, et autres grands personnages depuis Charles VI jusques à présent. Imprimé pour messieurs du Consulat. *A Lyon, de l'Imprimerie d'Aimé Delaroche,* 1752, in-4, veau marb., fil., dos orné, tr. marb. (*Rel. anc.*)

Aux armes de la ville de Lyon. Exemplaire Ruggieri.

242. ROUSSEAU (J.-J.). Œuvres complètes, nouvelle édition classée par ordre de matières, et ornée de 90 gravures. *S. l. (Paris, Poinçot),* 1788-1793, 38 vol. in-8°, veau jasp., petite dent., tr. marb. (*Rel. anc.*)

38 frontispices et 42 figures par *Moreau, Marillier, Le Barbier,* etc., beaucoup sont AVANT la lettre.

243. SAINTE VIE (La) et les hauts faits de monseigneur saint Louis, roy de France. Divisée en quatre par-

ties. *S. l. n. d.* (*Paris, R. Ballard, 1666*), in-8° de
162 pag. et 7 ff. non chiff. pour la table, frontispice et portrait en pied de S. Louis par G. Chasteau,
mar. bleu, fil., semé de fleurs de lis, croix fleurdelisée au milieu et aux angles des plats, dos fleurdelisé, orné de croix et des lettres S L comme titre,
dent. int., doublé et gardes de tabis rose, tr. dor.
(*Rel. anc.*)

Jolie et curieuse reliure, très fraîche.

244. Saint-Lambert. Les Saisons, poème. *Amsterdam,*
1771, in-8°, 5 figures par Le Prince et Gravelot et
4 vignettes par Choffard, veau rouge, dent., dos
orné, dent. int., tr. dor. (*Petit.*)

245. Scarron. OEuvres de Monsieur Scarron. Nouvelle
édition, revue, corrigée, et augmentée de l'histoire
de sa vie et de ses ouvrages, d'un discours sur le
style burlesque, et de quantité de pièces omises
dans les éditions précédentes. *Amsterdam, chez
J. Wetstein,* 1752, 7 vol. pet. in-12, portrait, mar.
rouge, fil., dos orné, dent. int., tr. dor. (*R. Petit.*)

246. Senecae (L. Annaei) et aliorum tragoediæ. Serio
emendatæ. *Amsterodami, apud Joann. Janssonium,*
1628, in-16, front. gravé, mar. rouge, fil. droits
et courbes, milieu doré et mosaïqué de mar. vert,
dent. int., tr. dor. (*Rel. anc.*)

Reliure de Le Gascon dans le genre des reliures au chiffre
d'Habert de Montmor.

Nº 243. *La Sainte Vie de Monseigneur Saint Louis.*

247. STAAL (Mme de). Mémoires de Madame de Staal
écrits par elle-même. *A Londres*, 1755, 4 tomes en
2 vol. in-12, mar. rouge, fil., dos orné, dent. int.,
tr. dor. (*Rel. anc.*)

ÉDITION ORIGINALE.

248. SUETONE tranquile, des faictz et gestes des douze
Caesars, nouvellement imprimé à Paris, 1542. *On
les vend à Paris en la grand salle du palais, par Ar-
noul langelier*, in-8°, figures sur bois, mar. rouge,
fil. à fr., angles et milieu ornés de fers dor., dos
orné, dent. int., tr. dor. (*Capé.*)

Bel exemplaire d'une édition rare.

249. TABLEAV DE LA CROIX (Le) représenté dans les
cérémonies de la Sainte Messe, ensemble le trésor
de la dévotion aux souffrances de N^re S. J. C., le
tout enrichi de belles figures. *A Paris, chez F. Ma-
zot*, 1651, pet. in-8°, front. et figures, mar. rouge,
compart. de fil., riches dorures au pointillé, angles
ornés d'un semis de fleurs de lis, dos orné, tr. dor.
(*Rel. anc.*)

Volume entièrement gravé. Jolie reliure un peu réparée, le
milieu des plats est orné de deux cœurs.

250. TACITI (C. Cornelii) quæ exstant opera. Recen-
suit J. N. Lallemand. *Parisiis, apud Desaint et Saillant, typis J. Barbou*, 1760, 3 vol. in-12, mar.
rouge, fil. et large dent. à petits fers, dent. int.,
gardes de tabis bleu, tr. dor. (*Rel. anc.*)

Jolies reliures de Derome ornées d'une large dentelle à
petits fers dont celui dit *à l'oiseau*.

3 frontispices et 3 vignettes par *Eisen*, gravés par *Lempereur*.

251. Tagereau (Vincent). Discours sur l'impuissance de l'homme et de la femme. Auquel est déclaré que c'est qu'impuissance empeschant et séparant le mariage. Comment elle se cognoist; et ce qui doit estre observé aux procès de séparation pour cause d'impuissance... *A Paris, chez la veuve Jean Du Brayet,* 1612, in-8°, mar. rouge à longs grains, fil., encad. de fil. et petits fers, dos orné, dent. int., tr. dor.

252. Térence. Les Comédies de Térence, traduction nouvelle, avec le texte latin à côté et des notes par M. l'abbé Le Monnier. *Paris, Jombert,* 1771, 3 vol. in-8°, veau marb., fil., dos orné, tr. r. (*Rel. anc.*)

Frontispice et 6 figures par *Cochin,* gravés par *Choffard, Prévost, Rousseau* et *Saint-Aubin.*

253. Thomassin. Recueil des figures, groupes, thermes, fontaines, vases et autres ornemens tels qu'ils se voyent à présent dans le château et parc de Versailles. Gravé d'après les originaux par Simon Thomassin, graveur du Roy. *Paris, Thomassin,* 1694, in-8°, veau fauve, encad. de fil., dos orné, dent. int., tr. dor. (*A. Meyer.*)

218 planches gravées en taille-douce.

254. Tombeau des amours (Le) de Louis le Grand et ses dernières galanteries. *A Cologne, chez Pierre Marteau,* 1695, pet. in-12, front. gravé, mar. grenat à longs grains, fil. et petite dent., dos orné, non rog. (*Simier.*)

Exemplaire, NON ROGNÉ, de Renouard dans lequel il a inséré une suite de 10 portraits gravés par *Saint-Aubin.*

255. Ulpius. Instit. civilium breviarum conscriptum ab Hippolyto Ulpio. *Romæ*, anno 1649. Manuscrit in-8° de 374 pag. et 6 ff. pour l'index, mar. brun, fil. droits et courbes, très riches ornements dits à l'éventail sur les plats, dos orné, tr. dor. (*Rel. anc.*)

Reliure italienne du xvii° siècle.

256. Vanel. Histoire des conclaves depuis Clément V jusqu'à présent, enrichie de plusieurs mémoires, qui contiennent l'histoire du pape et des cardinaux d'aujourd'hui et celle des principales familles de Rome, où l'on apprend quantité de particularitez de cette Cour, etc... *Cologne*, 1703, 2 vol. in-12, planches, veau fauve, comp. de fil. et dent. à froid, dos orné, dent. int., non rognés. (*Purgold.*)

Exemplaire de Renouard, NON ROGNÉ.
Le *Discours préliminaire* renferme un grand plan du Vatican, une planche et de nombreuses vignettes dans le texte représentant les cérémonies du conclave.

257. Vie (La) de Saint Pierre-Paschal de Valence, docteur en théologie de la Faculté de Paris, Évêque titulaire de Grenade.., de l'Ordre de Notre-Dame de la Mercy, composée par les Religieux du mesme ordre. *A Paris, chez Edme Cauterot*, 1674, in-12, réglé, front. gravé, mar. rouge, fil. et dent., semis de fleurs de lis sur les plats et le dos, dent. int., tr. dor. (*Rel. anc.*)

Exemplaire de La Moignon,

258. Villars (marquise de). Lettres de madame la marquise de Villars, ambassadrice en Espagne, dans

le temps du mariage de Charles II avec la princesse Marie-Louise d'Orléans, fille de Monsieur, frère de Louis XIV et de Henriette d'Angleterre. *Amsterdam, aux dépens de la Compagnie*, 1760, pet. in-12, mar. grenat, encad. de fil., non rog. (*R. Petit.*)

Ces lettres, écrites de 1679 à 1681, sont adressées à M᷉ᵉ de Coulanges; elles renferment des anecdotes intéressantes.

259. VOLNEY. Les Ruines, ou méditations sur les révolutions des Empires. *Paris, Dugour et Durand*, an VII, in-8°, 3 planches, mar. rouge à longs grains, 2 fil., dent. int., tr. dor. (*Bozérian.*)

PAPIER VÉLIN FIN.

260. VOLTAIRE. La Henriade. Nouvelle édition. *A Paris, chez la Vᵛᵉ Duchesne, Saillant, Desaint, s. d.,* (1769-1770), 2 vol. in-8°, veau écaille, fil., dos orné, tr. dor. (*Rel. anc.*)

Front., un titre gravé, 10 figures et 10 vignettes par *Eisen*, gravés par *de Longueil*.

261. VOYAGES EN FRANCE, ornés de gravures, avec des notes par La Mésangère. *Paris, Chaignieau, an IV-VI*, 4 vol. in-18, figures, veau fauve, dent., dos orné, dent. int., tr. dor. (*Petit.*)

Fleurons sur les titres, 8 portraits, médaillon représentant le port de Marseille et 23 figures par ou d'après *Blanchard, Cornille, Fragonard fils, Lebrun, Lemire, Malapeau, Monnet* et *de Noireterre.*
La planche de la page 66, qui manque généralement, s'y trouve.

262. Zannoni (Rizzi). Atlas géographique et militaire ou théâtre de la guerre présente en Allemagne où sont marqués les marches et campemens des armées, depuis l'entrée des troupes prussiennes en Saxe en aoust 1756 jusqu'au commencement de 1762, par Rizzi Zannoni. *A Paris, chez Lattré, s. d.*, in-18, mar. rouge, fil., fleurons aux angles, dos orné, dent. int., tr. dor, (*Rel. anc.*)

Petit volume orné d'un titre par *Choffard* et de 17 cartes gravées. — A la suite se trouve le *Journal de la guerre présente en Allemagne depuis l'année 1756 jusqu'en 1761*. En France, 1761, 64 pp.

263. Zurlauben. Tableaux topographiques, pittoresques, physiques, historiques, moraux, politiques, littéraires de la Suisse. *Paris, Clousier*, 1780, in-fol., veau marb., fil., dos orné. (*Rel. anc.*)

Recueil des 3 plans et des 217 premières planches : vues, portraits, médailles, par *Le Barbier, Chatelet, Bertaux, Pérignon*, gravées par *Née, Masquelier, de Longueil*, etc., précédées de la table alphabétique.

ORDRE DE CHEVALERIE
HISTOIRE DE LA NOBLESSE
ART DU BLASON

264. Almanach Royal (Impérial et national). *Paris*, 1706 à 1850, 146 vol. in-8°, veau et mar. (*Rel. anc.*)

Années 1706, 1714 à 1850 ; les années se suivent sans interruption.

Les années 1734, 1748, 1774, 1781 à 1784, 1789, 1791 à
1793, 1809, 1813, 1830, 1831 et 1840, sont en maroquin
ancien, dont plusieurs avec armoiries; soit 16 années en mar.

265. ANNUAIRE DE LA NOBLESSE de France, par Borel
d'Hauterive. *Paris*, 1843-1895, 42 vol. in-12, bro-
chés et cartonnés.

1843 (1ʳᵉ année), 1844, 1845, de 1847 à 1853, 1855 à 1859,
1861 à 1888 et 1895.

266. ANSELME (le Père). Histoire généalogique et chronologique de la Maison royale de France, des pairs,
Grands Officiers de la Couronne et de la Maison du
Roy, et des anciens barons du royaume. Avec les
qualités, l'origine, le progrès et les armes de leurs
familles.. Le tout dressé sur titres originaux, registres, etc., par le P. Anselme (P. de Guibours),
continué par M. Du Fourny. Troisième édition
corrigée et augmentée par les soins du P. Ange
(Raffard) et du P. Simplicien (P. Lucas). *A Paris, par
la Compagnie des Libraires associés*, 1726-1733.
9 vol. in-fol. veau marb., tr. rouges, (*Rel. anc.*)

La reliure du 1ᵉʳ vol. est différente des autres, et ce vol. est
plus court.

267. ARBRE GÉNÉALOGIQUE et héraldique de
l'Auguste et Royale Maison de Bourbon. Tableau
manuscrit mesurant 0ᵐ84 de haut sur 1ᵐ30 de
large, sous verre, dans un cadre de chêne avec filet
or, maintenu en dessous par un cadre de fer.

Ce très intéressant tableau, dressé et exécuté avec le plus
grand soin par Henri du Rosnel en 1783, est d'une importance
capitale pour l'histoire généalogique de la famille royale de

France. Il donne, en 589 blasons coloriés, la généalogie complète de la Maison de Bourbon, depuis son origine à Robert de Clermont, 6ᵉ fils de saint Louis, né en 1256, mort en 1317, qui avait épousé en 1272 Béatrix de Bourgogne, héritière de Bourbon, jusqu'au premier fils de Louis XVI.

Dans un encadrement, autour de la généalogie proprement dite, se trouvent 95 blasons, rappelant les principales victoires remportées sous le règne des Bourbons.

Les diverses branches (enfants légitimes et enfants naturels) de la Maison de Bourbon ont leur généalogie nettement séparée, bien que restant dans l'ordre normal des lignées et alliances; ce qui permet de se rendre rapidement compte des divers degrés de parenté.

268. CATALOGUE des chevaliers, commandeurs et officiers de l'ordre du Saint-Esprit, avec leurs noms et qualités, depuis l'institution jusqu'à présent. *Paris, de l'Imprimerie de C. J. F. Ballard*, 1760, in-fol. mar. bleu, fil., semis de fleurs de lis, dos fleurdelisé, avec l'emblème du Saint-Esprit, dent. int., tr. dor. (*Masson-Debonnelle*.)

Bel exemplaire. Joli frontispice de *Boucher* gravé par *L. Cars*, vignettes de *Gravelot* et nombreux blasons.

269. DICTIONNAIRE DES ANOBLIS, 1270-1868, suivi du dictionnaire des familles qui ont fait modifier leurs noms, 1803-1870. *Paris, Bachelin-Deflorenne*, 1875, 3 part. en 1 vol. in-8°, demi-rel. mar. rouge, dos fleurdelisé, tête dor., non rog.

270. DICTIONNAIRE DES FAMILLES qui ont fait modifier leurs noms par l'addition de la particule ou autrement, en vertu d'ordonnances ou de décrets depuis

1803 jusqu'à 1867. *Paris, Bachelin-Deflorenne,* 1867, in-8°, demi-rel. mar. rouge, tête dor., non rog.

271. DUBUISSON. Armorial des principales maisons et familles du royaume, particulièrement de celles de Paris et de l'Isle de France, contenant les armes des princes, seigneurs, grands officiers de la Couronne et de la maison du Roi... *Paris, aux dépens de l'auteur, chez H. L. Guérin,* 1757, 2 vol. in-12, front. gravé, veau fauve, fil., dos orné, dent. int., tr. rouge. (*Rel. anc.*)

Ouvrage recherché, enrichi de près de 4 000 blasons gravés en taille-douce.

272. ÉTAT DE LA FRANCE (L'), contenant tous les princes, ducs et pairs, et maréchaux de France : les Évêques, les juridictions du Royaume, les gouverneurs des provinces, les chevaliers des trois ordres du Roy, etc. Les noms des officiers de la Maison du Roy, leurs gages et privilèges, etc., etc. (par L. Trabouillet). *A Paris, au Palais chez Guillaume Cavelier,* 1708, 3 vol. in-12, veau fauve, fil., dent., fleurs de lis aux angles, dos orné, tr. dor.

Ouvrage intéressant, orné de nombreux blasons gravés sur bois.

273. ÉTAT DE LA NOBLESSE pour l'année 1782 contenant : 1° L'état actuel de la maison royale de Bourbon et des princes de son sang. 2° Les chapitres nobles dans lesquels la noblesse peut être admise. 3° L'origine des familles. 4° Leur état actuel. 5° Leurs alliances.

6° L'explication de leurs armes. *Paris, Le Boucher,*
1782, 5 vol. in-12, mar. rouge, jans., dent. int.,
tr. dor. (*Trautz-Bauzonnet.*)

> Les tomes III à V ont un titre particulier portant ; « *Armo-*
> *rial des Principales maisons de France et étrangères, et de plu-*
> *sieurs villes du Royaume.* »
> Les deux derniers vol. comprennent environ 400 planches
> de blasons.
> Joli exemplaire au chiffre du comte Roger (du Nord).

274. ÉTAT PRÉSENT de la noblesse française, contenant
le dictionnaire de la noblesse contemporaine avec les
armoiries décrites, les noms, qualités et domicile de
plus de trente mille nobles, et un grand nombre de
notices généalogiques avec blasons gravés, publié
sous la direction de M. Bachelin-Deflorenne. Quatrième édition, revue, corrigée et considérablement
augmentée, 1873-74. *Paris, Bachelin-Deflorenne,*
1873, gr. in-8°, demi-rel. mar. rouge, dos fleurdelisé, tête dor., non rog.

275. GUIGARD (Joannis). Armorial du bibliophile, avec
illustrations dans le texte. *Paris, Bachelin-Deflorenne,*
1870-1873, 2 tomes en 1 vol. in-8°, demi-rel. mar.
rouge, fil., dos orné, tr. dor. (*Ad. Bertrand.*)

276. HOZIER (d'). Armorial général de la France.
Paris, typographie Firmin Didot frères et fils, s. d.
25 vol. in-fol., cart. demi-toile grenat, non rog.

> Fac-simile de l'édition de Jacques Collombat, 1738.

277. Hozier (d'). Armorial général de la France. Registre premier. *A Paris, Imp. Royale*, 1821, in-4°, cart. toile, non rog.

Blasons.

278. Indicateur du grand armorial général de France. Recueil officiel dressé en vertu de l'édit de 1696 par Charles d'Hozier, juge d'armes ou table alphabétique de tous les noms des personnes, villes, communautés et corporations dont les armoiries ont été portées, peintes et blasonnées aux registres inédits dont se compose l'Armorial général de France, publié sous la direction de Louis Paris. *Paris, Bachelin-Deflorenne*, 1865. 2 tom. en 1 vol. in-8" papier vergé, dos et coins mar. rouge, tête dor.. non rog.

279. Labbé (Le R. P. Philippe). Tableaux généalogiques de la maison royale de France, et des six pairies laïques; Bourgogne, Normandie, Guyenne, Tolose, Flandre, Champagne. Seconde édition reveue et augmentée du blason Royal, des armoiries des Roys, Reynes, dauphins, fils et filles de la Maison Royale de France, *A Paris, chez Gaspar Meturas*, 1664, in-12, port. de Louis XIV ajouté, veau marb.. dent. et semis de fleurs de lis sur les plats et le dos, tr. dor. (*Rel. anc.*)

Exemplaire offert par M. de Saint-Amour à M. de Graffenried, ambassadeur de Berne, dont les armoiries sont peintes sur un des feuillets de garde. Ces armoiries sont suivies de la lettre d'envoi autographe de M. de Saint-Amour, 4 pag.

280. Lᴀ Rᴏǫᴜᴇ (Louis de) et Bᴀʀᴛʜᴇ́ʟᴇᴍʏ (E. de).
Catalogue des gentilshommes en 1789 et des familles anoblies ou titrées depuis le premier Empire
jusqu'à nos jours. 1806-1866. Publié d'après les
documents officiels par MM. Louis de La Roque et
Edouard de Barthélemy, *Paris, Dentu et Aubry,*
1866, 2 vol. in-8°, dos et coins chag. rouge, tête
dor., non rog.

> Ouvrage recherché et devenu rare.

281. Mᴇ́ᴍᴏɪʀᴇs ʜɪsᴛᴏʀɪǫᴜᴇs concernant l'ordre royal
et militaire de Saint Louis, et l'institution du mé-
rite militaire. *A Paris, de l'Imprimerie royale,* 1785,
in-4°, mar. rouge, fil., très large dent. à petits fers,
dos fleurdelisé et orné de l'emblème de l'ordre,
dent. int., tr. dor. (*Rel. anc.*)

> Bel exemplaire dans une riche reliure.
> On a collé sur les gardes : une figure représentant Pallas
> conduisant le jeune prince (Louis XVI) aux temples de la Vertu
> et de l'Honneur, un portrait de Louis XVI dessiné par *Leclerc,*
> gravé par *Dupin* et colorié, et 4 planches de blasons,

282. Mɪʀᴀᴜʟᴍᴏɴᴛ (Pierre de). Mémoires sur l'origine
et institutions des cours souveraines et justices
royalles estans dans l'enclos du Palais-Royal de
Paris. *A Paris, chez Claude La Tour,* 1612, in-8°,
veau fauve, fil., dos orné, dent. int., tr. dor.

> Intéressant ouvrage traitant des noms, surnoms des sei-
> gneurs et présidents du Parlement depuis son établissement à
> Paris, des avocats du Roy, de l'Amirauté de France, de la Cour
> des Monnaies, etc. etc.
> Cet exemplaire contient deux titres différents sous la même

date, le second est ainsi libellé : « De l'origine, et establisse-
ments du Parlement, et autres iuridictions royalles estans dans
l'enclos du Palais-Royal de Paris. »

283. Nouvel office pour les chevaliers de l'ordre du
Saint-Esprit. *De l'Imprimerie royale*, 1768, in-12,
veau fauve, fil., orné sur les plats de l'emblème du
Saint-Esprit, dos orné, dent. int., tr. dor. (*Rel.
anc.*)

284. Office (L') des Chevaliers de l'Ordre du Saint-
Esprit. Manuscrit in-12, mar. vert, large dent. à
petits fers, dos orné de flammes et de fleurs de lis,
dent. int., gardes de tabis rose, tr. dor. (*Rel. anc.*)

Manuscrit d'une bonne écriture bâtarde du milieu du
xviiiᵉ siècle, se composant d'un titre gravé et de 176 pages
entourées d'un double filet.

Jolie reliure avec large dentelle à petits fers et ornée de
l'emblème du Saint-Esprit frappé au milieu des plats.

285. Saint-Allais. Nobiliaire universel, ou recueil
général des généalogies historiques des maisons
nobles de ce royaume. *Paris, Bachelin-Deflorenne*,
1872-1877, 21 vol. in-8°, papier vergé, demi-rel.
toile verte, non rognés.

Exemplaire contenant le *Supplément*.

286. Simon (Henry). Armorial général de l'Empire
Français, contenant les armes de Sa Majesté l'Em-
pereur et Roi, des princes de sa famille, des grands
dignitaires, princes, ducs, comtes, barons, chevaliers
et celles des villes de 1ʳᵉ, 2ᵉ et 3ᵉ classes, avec les

planches des ornemens extérieurs des signes inté-
rieurs et l'explication des couleurs et des figures du
blason, pour faciliter l'étude de cette science, *A Paris, chez l'auteur,* 1812, 2 tomes en un vol. in-fol.,
dos et coins chag. rouge. (*Rel. anc.*)

Important ouvrage orné de 140 planches contenant environ
1 500 blasons.

287. Viton de Saint-Allais. La France législative,
ministérielle, judiciaire et administrative sous les
quatre dynasties, par M. V** (Nicolas Viton de Saint-
Allais). *Paris, imprimerie de P. Didot l'aîné,* 1813,
4 vol. in-18, veau rac., dent.

Exemplaire interfolié contenant de nombreuses notes et corrections manuscrites dans le texte et sur les feuillets ajoutés.
Cet exemplaire, qui provient du Collège héraldique, semble
préparé pour une nouvelle édition.

MAISON DE BOURBON

PORTRAITS ET ESTAMPES

288. *Sainct Louis roy de France*, portrait in-4°, gravé par Léonard Gaultier, dans un cadre ancien en bois doré.

Ce portrait est posé sur un cadre en velours bleu orné de deux petits panneaux en bois sculpté contenant une grande fleur de lis.

289. *Antoine de Bourbon, roy de Navarre. — Janne d'Albret, reyne de Navarre, mère de Henry IIII roy de France et de Navarre*, 2 port gravés par Th. de Leu, in-8°, encad.

290. Henri IV, roi de France, debout, la main droite appuyée sur le sceptre, revêtu d'une riche armure et d'un grand manteau fleurdelisé, d'un côté la couronne royale et la main de justice sur un coussin posé sur un fauteuil, et de l'autre côté, son casque empanaché posé sur une console. Encadré.

291. Henri IV, roi de France, 3 port. encad.

Henry de Bourbon III, Roy de France et de Navarre, in-16, ovale, non signé. — Henry IIII, roy de France et de Navarre, gravé par Maurice Bougerald d'après Th. de Leu, in-4° obl. — Petit portrait par Th. de Leu, Henri IV debout, couronné, revêtu du grand manteau de l'ordre du Saint-Esprit.

292. *Marie de Médicis Royne de France*, gravé par Morin, d'après Porbus, in-fol. encad.

293. Catherine de Bourbon, sœur de Henri IV, morte en 1604, 2 port. encad.

Catherine de Bourbon sœur unique du Roy, in-4°, gravé par Thomas de Leu. — *Catherine de Bourbon, sœur unique du Roy*, in-16, gravé par L. Gaultier.

294. *Hanry de Lorrayne, duc de Bar et marquis de Pontx.* — *Catherine de Bourbon, sœur unique du Roy* (Henri IV), — 2 portraits pet. in-4°, gravés par Léonard Gaultier, dans un cadre ancien en bois sculpté et doré.

295. Louis XIII et Anne d'Autriche, 2 portraits gravés par Morin, d'après Ph. de Champaigne, pet. in-fol. encad.

296. *La Joye de la France dédiée au Roy Louys le Juste XIII du nom par son très humble... A Bosse*, in-fol. obl. encad.

Pièce gravée à l'occasion de la naissance de Louis XIV.

297, *Jean-Baptiste-Gaston de Bourbon, frère unique du*

Roy (Louis XIII), gravé par N. la Mathonière, in-4°. encad.

298. Louis XIV, gravé en 1660, par Poilly, d'après Mignard, in-fol., encad.

Sans légende.

299. *L'Auguste famille de Monseigneur le Dauphin,* gr. in-fol. obl. gravé par S. Thomassin d'après Mignard, encad.

Au bas de la gravure se trouvent les armes du dauphin (fils de Louis XIV) et de sa seconde femme Marie-Anne-Christine-Victoire de Bavière et la légende en latin et en français.

300. Duc du Maine, gravé par Drevet, d'après de Troy, in-fol. encadré,

Petites marges.

301. *L. A. de Bourbon, comte de Toulouse, duc de Penthièvre et Damville,* gravé par Drevet, d'après de Troy, in-fol. encadré.

Sans marges.

302. Philippe d'Orléans, frère de Louis XIV et Henriette d'Angleterre, sa première femme, 2 portraits in-fol., gravés par N. De Larmessin, encadrés.

303. *Vue intérieure du grand escalier de Versailles,* 2 vues gravées par L. Surugue, in-fol. obl., encad.

Vue du côté de l'entrée. — Costé oposé à l'entrée.

304. Seconde chambre des appartemens, planche gravée par Trouvain et encadrée.

> Pièce en mauvais état.

305. *Monsieur le duc de Bourbon.* — *Madame la duchesse de Bourbon.* — Gravés par Trouvain en 1694, 2 port., encadrés.

> Le duc de Bourbon était le fils aîné de Henri-Jules de Bourbon, prince de Condé, mort le 1ᵉʳ avril 1709.

306. *Louis seize s'occupant de l'éducation de son fils dans la tour du Temple,* estampe non signée, encadrée.

307. Enfants de Louis XVI (les deux dauphins et Madame Royale), 4 port. in-8° et in-16, encad.

308. Madame Élisabeth, sœur de Louis XVI, 3 port., encad.

309. Frontispice de la *Bibliothèque de Madame la Dauphine,* fig. in-8°, encad.

310. Ferdinand Charles. — Louise Marie Thérèse, 2 petites miniatures ovales non signées ($0^m,027 \times 0^m,035$), dans de petits cadres en or.

> Portrait de la fille du duc de Berry, née le 21 septembre 1819, et de son mari, Charles III, duc de Parme et de Plaisance.

311. Louis-Philippe duc d'Orléans et Marie-Amélie, 2 portraits gravés par Lignon et Laugier en 1814 et 1820, d'après Gérard, encadrés.

> Le portrait de Marie-Amélie est avant la dédicace et avec le armoiries gravées au trait.

5 312. *Loys de Bourbon, prince de Condé* (premier du nom, tué à Jarnac). Port. in-4°, gravé par Th. de Leu, encad.

5 313. *François de Bourbon, prince de Conty. — Jeanne de Cocesme* (Coesme) *princesse de Conty*, sa premiere femme, 2 port. in-4°, gravés par Th. de Leu, encad.

Troisième fils de Louis Ier, prince de Condé.

13 314. Charles (II) de Bourbon, connu d'abord sous le nom de cardinal de Vendôme, quatrième fils de Louis Ier, prince de Condé, 2 portraits pet. in-4°, encad.

Carolus cardinalis a Borbonio, anno ætatis 28, gravé par Gourmont. — *Charles de Borbon card. de Vendosme,* par Th. de Leu.

2.50 315. *Charles de Bourbon. comte de Soissons, G. M. D. F.*, 2 port. différents in-4° gravés par Th. de Leu, encad.

Le comte de Soissons était le sixième fils de Louis Ier, prince de Condé.

4 316. *Charles de Bourbon cardinal archevesque de Rouen*, port. in-4°, gravé par Thomas de Leu, encad.

Portrait de Charles III du nom, mort en 1610; il était fils naturel d'Antoine, roi de Navarre.

10 317. *Henry de Bourbon, prince de Condé* (père du Grand Condé), port. gravé par Léonard Gaultier, en 1612, encad.

110 318. Grand Condé, 2 portraits in-fol. encadrés.

Portrait gravé par R. Nanteuil en 1662. — Portrait gravé pa J. Frosne.

3 19. *J. L. Charles d'Orléans, comte de Dunois.* — *Messire Charles Paris d'Orléans, comte de Saint-Paul, abbé de Saint-Rémy de Reims,* 2 port. petit in-fol. gravés par Nanteuil en 1660, encadrés.

Fils du duc de Longueville, mort en 1663.

320. Sous ce numéro on vendra, en lots, environ 100 portraits des membres de la Maison de Bourbon, tous encadrés.

ORDRE DES VACATIONS

Première Vacation. — *Mardi 11 Février 1908.*

Livres dans tous les genres	N°s 126 à 243 (Moins les N°s 194 et 200).
Livres aux armes de personnages cé-lèbres	N°s 83 à 125 N°s 194 et 200

Deuxième Vacation. — *Mercredi 12 février 1908.*

Livres dans tous les genres.	N°s 244 à 287
Maison de Bourbon.	N°s 9 à 82
— —	N°s 1 à 8
Portraits et estampes.	N°s 288 à 320

PARIS TYP. PLON-NOURRIT ET Cie, 3, RUE GARANCIÈRE — 47391

H·P
·LABOR·
·PROBV·
OMNIA VINCIT

www.ingramcontent.com/pod-product-compliance
Ingram Content Group UK Ltd.
Pitfield, Milton Keynes, MK11 3LW, UK
UKHW020311130726
13696UKWH00003B/996